**복 있는 사람**

오직 여호와의 율법을 즐거워하여 그 율법을 주야로 묵상하는 자로다.
저는 시냇가에 심은 나무가 시절을 좇아 과실을 맺으며 그 잎사귀가 마르지 아니함 같으니
그 행사가 다 형통하리로다. (시편 1:2-3)

『신의 일식』은 신의 부재, 신의 얼굴이 가려진 시대가 어디서부터 비롯되었는지 철학과 신학, 실존의 차원에서 성찰한다. 마르틴 부버는 우리가 신의 얼굴을 더 이상 보지 못하게 된 이유를 스피노자, 칸트, 헤겔, 니체, 하이데거로 이어지는 근대 철학의 계보를 통해 드러낸다. 신은 더 이상 절대자이자 '너'가 아닌, 인간 내면이나 도덕적 이상으로 환원되었고, 철학은 초월적 실재와의 만남을 이념으로 대체했다. 결국 인간은 스스로가 만들어 낸 이념으로 더 이상 신과 얼굴을 마주할 수 없게 되었다.

부버가 보기에 모세 마이모니데스와 헤르만 코엔으로 이어지는 유대 철학 전통 역시 신을 개념화하고 이념화했다. 살아 있는 신은 '이념의 신'으로 바뀌었고, 인격적 '너', '당신'으로 만나야 할 신은 '그것'이 되었다. 그렇게 신은 인간의 사유 속에서 그 자리를 잃고, 인간은 더 이상 신 앞에 선 존재로서 살아가지 않게 되었다.

부버는 때로는 직접적으로, 때로는 간접적으로 기도와 침묵, 경청과 사랑, 정의로운 삶 가운데 체현되는 '나-너' 관계가 회복의 가능성임을 역설한다. 신은 대상이 아닌 대화의 파트너이고, 이념이나 관념이 아닌 관계의 현존으로 우리를 찾아와 우리를 부른다. 철학과 종교가 다시 살아나기 위해서는 '사물화될 수 없는 인격적 관계'의 회복이 필요하다고 부버는 말한다. '나-너' 관계가 회복될 때만, 우리는 신을 다시 부를 수 있고, 신은 얼굴을 드러낸다는 것이다.

이 책은 단지 과거의 철학에 이의를 제기하는 것을 넘어, 여전히 '신의 일식' 시대를 살아가는 우리의 실존에 깊은 질문을 던진다.

강영안, 한동대학교 석좌교수

신은 과연 존재하는가? 신의 부재는 홀로코스트를 민족의 고난으로 경험한 유대인 철학자들에게 가장 강력한 영적 의문이었을 것이다. 수많은 철학자들, 사상의 거장들과 씨름하면서, 마르틴 부버는 자신만의 언어로 '너'로 만날 신을 증언한다. 지금 내가 읽는 부버는 왜 20대에 읽었던 부버와 다를까.

김선욱, 숭실대학교 철학과 교수

우리는 신의 부재의 시대를 살고 있다. 현대의 문학과 철학, 심지어는 신학까지도 앞다퉈 신 없이 인간 스스로 결단하며 살아가기를 요청한다. 그러나 인간 존재의 근간이고 이유인 신을 잃었다는 것은, 모든 것을 잃었다는 말과 같다. 결국 신, 곧 모든 것을 잃은 인간은 그 신을 따라 문밖을 떠돌아다니는 비참한 신세로 전락해 버렸다.

마르틴 부버는 이와 같은 시대를 '신의 죽음'이 아니라 '신의 일식'으로 진단한다. 달의 일시적인 방해로 햇빛이 가려졌을 뿐 태양은 소멸하지 않았다는 믿음과 같이, 신은 여전히 하늘에 계시고 우리는 땅에 있는 것이다(전 5:2). 즉, 신의 빛은 결코 사라지지 않았으며, 내일이라도 그 가림막은 걷힐 수 있다. 이 책은 절망의 시대 속에서도 여전히 우리가 신을 기다리고 다시 마주할 수 있다는 희망을 역설한다.

이승우, 소설가·조선대학교 문예창작학과 교수

나는 위대한 유대인 철학자 마르틴 부버에게 빚을 졌다.

라인홀드 니버

마르틴 부버는 나와 동료들에게 '영혼의 예언자'였다.

리차드 니버

마르틴 부버와 나눈 '대화'에서 나는 신으로 가득 찬 한 정신이 발산해 낸 빛을 보았다. 그 빛은 거의 실체적인 신의 현존이었는데, 나는 그리스도인들 사이에서도 그 정도의 신적 존재감을 경험한 적이 없다.

폴 틸리히

마르틴 부버는 우리 시대에 여전히 필요한 철학자다. 이 책의 머리말에서 그가 쓴 대로, 우리 시대에 진정한 경청은 드물어졌다. 기술과 당파적 정치의 비난이 미국과 전 세계에서 지배적인 시대에 부버의 말은 그 어느 때보다 예언적이다.

레오라 바트니츠키

# 신의 일식

# Gottesfinsternis
Martin Buber

# 신의 일식

마르틴 부버

복 있는 사람

신의 일식

2025년 3월 31일 초판 1쇄 인쇄
2025년 4월 16일 초판 1쇄 발행

지은이 마르틴 부버
옮긴이 손성현
펴낸이 박종현

(주) 복 있는 사람
주소 서울특별시 마포구 연남동 246-21(성미산로23길 26-6)
전화 02-723-7183(편집), 7734(영업·마케팅)
팩스 02-723-7184
이메일 hismessage@naver.com
등록 1998년 1월 19일 제1-2280호

ISBN 979-11-7083-256-0 03230

*Gottesfinsternis*
by Martin Buber
Copyright ⓒ Martin Buber Estate
All rights reserved.

표지에 사용된 작품은 SACK을 통해 ADAGP와 저작권 계약을 맺은 것입니다.
신저작권법 의하여 한국 내에서 보호받는 저작물이므로 전재와 무단 복제를 금합니다.

Cover Image: Marc Chagall, *Creation*, 1960(Detail), mourlot #234
ⓒ Marc Chagall / ADAGP, Paris-SACK, Seoul, 2025

This Korean translation edition ⓒ 2025 by The Blessed People Publishing Inc., Seoul, Republic of Korea.
This Korean edition is published by arrangement with Tamar Goldschmidt Brison, Executor of the Estate of Martin Buber represented by The Marsh Agency Ltd., London, England. License arranged through Eric Yang Agency, Seoul, Republic of Korea.

이 책의 한국어판 저작권은 에릭양 에이전시와 The Marsh Agency Ltd.를 통하여 Tamar Goldschmidt Brison과 독점 계약한 (주) 복 있는 사람에 있습니다. 신저작권법에 의하여 한국 내에서 보호받는 저작물이므로 무단 전재와 무단 복제를 금합니다.

서문

이 책은 1951년 말에 내가 미국 컬럼비아·예일·프린스턴·시카고 대학교에서 했던 강의 원고를 토대로 엮은 것이다. 1932년에 써 놓은 글 "두 번의 대화에 관한 보고서"가 머리말로 적합하다고 여겨 맨 앞에 가져다 놓았고, 1943년에 쓴 논문 "신을 향한 사랑, 그리고 신에 대한 관념"은 "종교와 철학" 부분을 보완하고자 첨가했다. 마지막 장에는, 1929년 쇼펜하우어 협회가 바로 그 주제로 프랑크푸르트에서 학술 대회를 열었을 때, 개회 강연을 했던 내용 일부가 들어 있다.

"종교와 현대 사상"은 월간 『메르쿠르<sup>Merkur</sup>』 1952년 2월 호에 처음 발표된 글이다. 그해 5월 호에 칼 구스타프 융의 입장 표명이 있었고 거기에 내가 반론으로 응수한 것을 부록에 덧붙였다.

**일러두기**
- 각주는 옮긴이 주, 미주는 지은이 주다.
- 독자의 이해를 돕기 위해 옮긴이가 덧붙인 내용은 본문 [ ] 속에 넣었다.

차례

007 ○ 서문

머리말
011 ○ 두 번의 대화에 관한 보고서

023 ○ 종교와 현실
049 ○ 종교와 철학
087 ○ 신을 향한 사랑, 그리고 신에 대한 관념
113 ○ 종교와 현대 사상
157 ○ 종교와 윤리
185 ○ 윤리적인 것의 일시 중지에 관하여
197 ○ 신, 그리고 인간의 정신

부록
211 ○ 융의 반론에 대한 응답

218 ○ 주

옮긴이의 글
222 ○ 영원한 너, 혹은 신이 보이지 않는 이유

머리말 # 두 번의 대화에 관한 보고서

나는 두 번의 대화에 관한 이야기를 하려고 한다. 하나는 겉으로 볼 때 여느 대화처럼 자연스럽게 끝난 것 같았지만, 사실 제대로 끝을 맺지 못한 경우였다. 다른 하나는 언뜻 보기에 중단된 대화였지만, 여느 대화에서는 찾아보기 힘든 완성의 경지에 다다른 경우였다.

두 대화 모두 하나님과 그 개념, 그 이름을 둘러싼 투쟁이었다. 그러나 그 방식은 사뭇 달랐다.

○

나는 독일 중부 어느 산업도시의 시민 아카데미(평생교육원)에서 사흘 동안 저녁 강좌를 맡았다. 강좌의 제목은 "종교라는 실재"Religion als Wirklichkeit였다. 내가 그 강좌를 통해 말하고자 한 것은, '신앙'이란 인간의 영혼에 존재하는 하나의 감정이 아니라 인간이 실재 속으로 들어가는 것, 아무런 감소와 감축 없이 온전한 실재 속으로 들어가는 것이라는 소박한 진술이었다. 이 진술은 그야말로 소박하다. 하지만 일반적인 생각의 습관과는 충돌을 일으킨다. 그래서 나의 진술을 명확하게 설명하는 데 사흘 저녁이 필요했던 것이다. 그때마다 세 번의 강연으로 끝나지 않고 세 번의 토론회가 이어졌다. 그 토론회에서 눈에 띈 것이 있었는데 그것 때문에 나는 괴로웠다. 청중의 상당수는 딱 봐도 노동자들이었다. 그러나 그들 중 누구도 말을 꺼내지 않았다. 질문을 하든 의심이나 우려를 표명하든, 말하는 이들은 주로 대학생이었다. (그 도시에는 유서 깊은 대학교가 있다.) 그 밖에도 이런저런 집단이 발언을 이어 갔다. 오로지 노동자들만이 침묵했다. 셋째 날 저녁 시간이 끝날 때가 되어서야, 나의 가슴을 내내 아프게 했던 그 상황의 이유가 밝혀졌다. 젊은 노동자 한 사람이 나에게 다가와서 말했다. "선생님, 우리는 이런 자리에서 말하는 걸 좋아하지 않습니다. 혹시 내일 저희와 따로 만나 주실 수 있다면, 제대로 이야기를 나눌 수 있을 것 같습니다." 나는 곧바로 수락했다.

다음 날은 일요일이었다. 점심 식사 후 약속된 장소로 나갔다. 우리는 날이 어두워질 때까지 이야기를 나눴다. 그 노동자들 가운데 한 사람, 더는 젊다고 볼 수 없는 사람이 있었는데 나의 시선이 자꾸만 그에게 머물렀다. 그는 정말 듣고자 하는 사람처럼 귀 기울여 들었기 때문이다. 이제는 이런 경청이 아주 드문 일이 되었다. 게다가 노동자들에게서 이런 자세를 찾아보기란 정말 어려운 일이다. 그는 호기심으로 가득한 얼굴의 소유자였다. 옛 플랑드르의 제단화 가운데 경배하는 목자들을 그린 부분이 있는데, 그림 속 목자 하나가 그런 얼굴로 구유를 향해 손을 내뻗고 있다. 내 맞은편에 있는 그 남자가 그와 똑같은 마음인 것처럼 보이지는 않았다. 그의 얼굴도 그림 속 목자처럼 뭐든 받아들일 것 같은 개방적인 얼굴은 아니었다. 그러나 그가 잘 들으며 깊이 생각하고 있음을 알 수 있었다. 두 가지를 천천히, 단호한 모습으로 하고 있었다. 드디어 그가 입을 열었다. 천천히, 단호하게 자기 생각을 말했다. "제 경험으로는…이 세상을 제대로 알기 위해서 굳이 '하나님'이라는 가설이 필요하지 않습니다." 그는 이 표현을 여러 번 반복했다. 사실 이 표현은 칸트-라플라스 우주 기원론의 공동 창시자인 천문학자 라플라스가 나폴레옹과 대화할 때 언급했다고 알려진다. 그는 무슨 과학 강의 시간에 들어와 있는 것처럼 '가설'이라는 말을 썼다. 얼마 전, 그 도시의 대학교에서 가르치던 유명한 자연과학자 한 분이 여든다섯의 나이로 세상을 떠나셨는데, 그분의 강의 시간이라면 잘 어울릴 법한 단어였다. 그분이 동물학이 아니라 세계관 강의를 하고 있었다면, 그리고 '하나님'이라는 표현을 아예 폐기 처분한 것이 아니라면 이 남자와 비슷한 어조로 말했을 것 같다.

나는 그 짧은 말에 충격을 받았다. 그것은 다른 어떤 사람의 말보다 더 큰 도전으로 다가왔다. 그 말이 나오기 전까지 진지하기는 해도 가벼운 분위기에서 토론을 했는데, 갑자기 분위기가 딱딱해졌다. 어디서부터 어떻게 말해야 저 사람에게 답이 될까? 나는 무거워진 분위기 속에서 잠시 생각에 잠겼다. 결국 나는 그가 붙들고 있는 자연과학적 세계관에 근거해서 그가 '제대로 알고' 있다고 생각하는 '세계'의 확실성을 완전히 뒤흔들어 놓게 되었다. 그 세계란 도대체 어떤 세계인가? 우리가 '세계'라고 부르는 곳, 주홍빛깔과 푸른 풀빛이 있는 곳, C장조와 B단조가 있는 곳, 사과 맛과 쑥 맛이 있는 곳, 그러니까 '감각의 세계'다. 그것은 우리가 예측할 수 없는 사건과 우리의 고유한 감각이 만나면서 생성된 결과물에 불과하다. 그 사건의 본질을 파악하려는 물리학의 모든 시도는 번번이 수포로 돌아간다. 우리가 보는 빨강은 저기 '사물'에 있는 것도 아니고 여기 '영혼'에 있는 것도 아니다. 그것은 두 가지가 결합하여 그때그때 그 색이 드러나는 것이고 빨강을 느끼는 눈과 빨강을 만드는 '파장'이 마주하고 있는 동안 지속되는 것 아닌가? 이 세계와 그 확실성이란 도대체 어디에 있는가? 저기 저쪽에는 정확한 실체를 알 수 없는 '객체'가 있고, 여기 이쪽에는 언뜻 아는 것 같지만 끝끝내 파악할 수 없는 '주체'가 있다. 그리고 그 둘의 만남, 곧 '현상'이 있다. 이 만남도 아주 실제적인 것 같지만 그만큼 쉽게 사라져 버리는 것이다. 벌써 세 개의 세계가 있는 셈인데, 여기서 어떤 하나가 다른 것을 주도할 수 없다. 이렇게 서로 분리된 세계를 한꺼번에 놓고 생각할 수 있는 '자리'가 있는가? 이렇게 불확실한 '세계'에 확실함을 느낄 수 있게 해주는 존재가 있는가?

내 말이 끝났다. 저녁노을이 비쳐 들기 시작한 방 안에는 무거운 침묵이 감돌았다. 목자의 얼굴을 닮은 그 남자는 가만히 감았던 무거운 눈꺼풀을 들어 올려 나를 바라보더니 천천히, 단호하게 말했다. "선생님 말씀이 맞습니다."

나는 당황했다. 내가 뭘 한 것일까? 나는 위대한 과학자이자 위대한 신앙인이었던 파스칼이 '철학자들의 하나님'이라고 불렀던 존재의 방, 그 장엄한 형상이 보좌에 앉아 있는 방의 문턱까지 그를 인도한 셈이다. 이것이 내가 원했던 것일까? 원래 내가 그를 이끌어서 만나게 해주고 싶었던 분은 파스칼이 아브라함의 하나님, 이삭의 하나님, 야곱의 하나님이라고 불렀던 분, 우리가 '당신'이라고 부를 수 있는 그 하나님이 아니었던가?

노을이 지고 날이 저물었다. 다음 날 아침, 나는 이곳을 떠나야 했다. 할 수만 있다면, 나는 여기 남아서 그 남자가 일하는 공장으로 들어가 그의 동료가 되어 그와 함께 살면서 평생에 걸쳐 그의 신뢰를 얻고, 그가 나처럼 피조물의 길을 (그분의 창조를 **받아들인** 피조물!) 걸어갈 수 있도록 도와줘야 했겠지만, 그럴 수 없었다. 나는 그저 그의 눈빛에 반응할 수 있었을 뿐이다.

○

얼마 후 나는 나이가 지긋하고 고상한 어느 사상가의 집에 손님으로 머물렀다. 우리는 과거 어떤 학회에서 처음 만났다. 그는 '국민 학교'에 대한 강의를 했고 나는 '시민 대학'에 대한 강의를 했는데,˙ 그 계기로 가까워진 것이다. 우리의 의견은 두 단어에 똑같이 등장하는 '폴크'라는 말을 포괄적인 의미로 이해해야 한다는 점에서 일치했다. 강철의 색깔을 연상시키는 회색빛 곱슬머리 사상가의 강의가 시작되었다. 그는 우리가 기존에 나온 그의 저서들을 통해 그의 철학에 관해서 안다고 생각하는 모든 것을 잊어 달라고 부탁했다. 이것은 최근 들어 (전쟁을 겪으면서) 그에게 새로운 '실재'가 피부로 와닿으면서, 이제는 그가 모든 것을 새롭게

- '국민학교'라고 옮긴 독일어 '폴크스슐레'Volksschule는 독일 통일 이전 서독에서 만 6-14세 혹은 6-10세 아동을 대상으로 한 의무교육 기관을 가리키던 표현이며 현재는 쓰이지 않는다. '시민 대학'이라고 옮긴 '폴크스호흐슐레'Volkshochschule는 지금도 독일에서 도시마다 건재한 시민 교육 시설로서 다양한 교양 강좌와 교육 프로그램을 제공한다. 두 단어 모두 Volk(영어의 folk)라는 말이 나오는데 민족, 백성, 국민, 인민, 민중 등 문맥에 따라 다양하게 번역된다.

바라보고 사유해야만 하는 상황이 되었기 때문이라고 했다. 그의 이런 모습이 내게는 반갑고 신선한 충격으로 다가왔다. 늙는다는 것은 사실 멋진 일이다. 새로 시작함의 의미를 잊어버리지 않는다면 말이다. 아마 이 노인은 이만큼 나이를 먹고 나서야 그걸 제대로 배운 것 같았다. 그의 움직임은 결코 젊지 않았다. 나이를 속일 수 없었다. 그러나 그의 자세는 모든 것을 새롭게 배워 나가는 젊은이의 모습이었다.

그는 서쪽에 있는 다른 대학도시에 살고 있었다. 그 도시의 신학자들이 나를 초청해 '예언'을 주제로 강의해 달라고 부탁했고, 나는 그 덕분에 그의 집에서 며칠 묵게 되었다. 그 집에서는 아주 선량한 영혼의 존재가 느껴졌다. 생명의 세계로 들어오고 싶어 하는 영혼, 그러나 그 생명에게 어디서 문을 열어 주어야 한다고 지시하지는 않는 영혼이었다.

어느 날 아침, 나는 일찍 일어나서 전날 받은 교정쇄 원고를 보고 있었는데, 그 글은 내 책의 서문으로 들어갈 부분이었다. 이 서문은 나의 고백과도 같아서 출간되기 전에 다시 한번 신중하게 읽어 보고 싶었다. 나는 그 원고를 들고서, 필요하다면 언제든 사용하라고 일러 준 방으로 들어갔다. 가 보니 그 노인이 벌써 책상에 앉아 있었다. 그는 인사가 끝나기 무섭게, 내가 들고 있는 것이 뭐냐고 물었다.

내 대답을 듣고는, 나보고 그 원고를 한 번 읽어 줄 수 있겠냐고 했다. 나는 흔쾌히 그렇게 했다.

그는 우호적인 태도로 귀 기울여 들었다. 그러나 놀라워할 때도 있었고 뭔가 맘에 들지 않아 하는 기색이 역력해졌다. 나의 낭독이 끝나자 그는 살짝 망설이면서 말을 꺼냈다. 하지만 본인의 중대한 관심사와 맞물려 있다고 느껴서인지 그의 어조는 점점 더 격정적으로 변했다. "선생은 어떻게 '하나님'이라는 말을 번번이 아무렇지도 않게 쓰실 수 있습니까? 어떻게 독자들이 그 단어를 당신이 원하는 그런 의미로 받아들일 거라고 기대하실 수 있지요? 선생이 그 단어를 쓰면서 생각하는 것은 인간이 어떤 식으로든 붙잡거나 파악할 수 있는 것 너머에 있습니다. 선생이 말하고자 하는 것은 이렇게 너머에 있는 것, 초월적인 존재입니다. 하지만 선생이 그 단어를 내뱉는 순간 그것을 인간의 손아귀에 내맡기는 셈입니다. 인간의 언어 중에 그 단어만큼 남용되고 모욕당하고 더럽혀진 말이 어디에 있습니까? 그 말 때문에 흘린 무고한 피가 그 말의 광채를 온통 뒤덮어 버렸습니다. 그 말과 결부된 온갖 치욕스러운 불의가 그 말의 본래적 특징을 싹 지워 버렸습니다. 그래서 저는 최고의 존재를 '하나님'이라고 부르는 소리를 들으면, 그거야말로 신성모독이라는 생각이 들곤 합니다."

어린아이처럼 맑은 눈동자가 불타올랐다. 그의 목소리

도 타올랐다. 우리는 잠시 침묵 속에 가만히 앉아 있었다. 이른 아침의 여명이 서서히 방으로 흘러들어 오고 있었다. 마치 그 빛이 내 안에 어떤 힘을 불어넣고 있는 것 같았다. 그때 내가 무슨 말을 했는지 정확하게 다 기억하지는 못한다. 그저 대략적인 내용만 소개하려고 한다.

내가 말했다. "그렇습니다. '하나님'이라는 말이야말로 인간의 모든 언어 중에 가장 문제가 많은 단어입니다. 그렇게 처참하게 더럽혀지고 그렇게 갈기갈기 찢겨 나간 단어는 없습니다. 바로 그렇기 때문에 저는 그 단어를 포기할 수 없습니다. 인간이라는 종족은 자신의 불안한 삶의 모든 짐을 그 단어 위에 올려놓고 짓이기듯 내리누릅니다. 인간은 온갖 종파를 만들어 그 단어를 갈가리 찢어 놓았습니다. 하나님의 이름을 위해 사람을 죽이기도 하고 스스로 죽기도 했습니다. 그 단어에는 인간의 모든 지문과 혈흔이 묻어 있습니다. 가장 높은 것을 가리키는 말로 그 단어와 비슷한 말을 어디서 찾을 수 있을까요? 철학자들이 가장 깊은 곳에 마련해 놓은 보물 창고에서 가장 순수하고 반짝이는 개념 하나를 꺼내 봅니다. 그 개념은 어디에도 묶이지 않는 사유의 이미지일 수는 있겠지만, 인간이라는 종족이 끔찍스러운 삶과 죽음으로 경배하기도 하고 욕보이기도 했던 그 존재의 생생한 느낌을 포착할 수는 없습니다. 그렇습니다. 저는 바로 그 존재를 말하는 것입니다. 지옥의 고통을 겪고 있는 인간, 하늘로 치솟아 오르는 인간이 들먹이는 그분입니다. 맞습니다. 인간은 형편없는 그림을 그려 놓고 그 밑에 '하나님'이라고 씁니다. 잔인하게 서로를 죽이면서 '하나님의 이름으로' 그런답니다.

그러나 만일 인간의 모든 광기와 기만이 무너져 내린다면, 인간이 가장 고독한 어둠 속에서 그와 마주하여 '그분, 그'$^{Er,\ er}$라고 말하지 않고 '당신, 당신'$^{Du,\ Du}$이라고 부르며 탄식한다면, 모든 인간이 그 한 분을 향해 '당신'이라고 외친다면, 그리고 그다음에 '하나님'이라고 덧붙인다면, 그렇다면 그들 모두가 외쳐 부르는 그분은 진정한 하나님이 아닐까요? 살아 계시는 오직 한 분, 온 인류의 하나님이 아닐까요? 그분이야말로 인간의 말을 들으시는 분 (들어주시는 분) 아닌가요? 바로 그래서 '하나님'이라는 말, 외쳐 부르는 그 말, 마침내 이름이 된 그 말은 인간의 모든 언어와 시대를 통틀어 가장 거룩한 말이 된 것 아닐까요?

걸핏하면 '하나님'을 들먹이며 온갖 불법과 횡포를 저지르는 세력에 저항하느라 그 단어를 아예 금기시하는 사람들이 있지요. 우리는 그런 이들을 존중해 줘야 합니다. 하지만 그렇다고 그 단어를 포기해서도 안 됩니다. 어떤 사람들은 당분간 '궁극적인 것'에 대해 침묵함으로써 그 말을 남용에서 구해 내야 한다고 말합니다. 충분히 이해할 수 있는 말입니다. 하지만 그런 식으로 구해 낼 수 있는 말이 아닙니다. 우리는 '하나님'이라는 말의 무죄를 입증할 수도 없고 그 말을 완전하게 복구할 수도 없습니다. 온통 더럽혀지고 갈기갈기 찢긴 상태지만, 우리는 그 말을 바닥에서 일으켜 거대한 불안의 시간 위에 세워 놓을 수 있습니다."

방 안은 완전히 환해졌다. 빛은 더 흘러들어 오지 않았다. 이미 그곳에 있었다. 노인은 일어서서 다가오더니 내 어깨에 손을 얹고 말했다. "이제 우리 친구가 됩시다.'" 대화는 완결되었다. 두 사람이 진정으로 함께 있다면 그것은 하나님의 이름으로 함께 있는 것이다.

---

• 독일어를 직역하면 "이제 우리 서로 너$^{du}$라고 말합시다." 두 사람이 어느 정도 격식을 차리며 "~씨, ~선생님"$^{Sie}$이라고 부르던 사이(존댓말을 쓰던 사이)에서 서로 평등한 언어를 말하는 친근한 관계가 되었음을 의미하는 관용구다.

# 종교와 현실

# 01

한 시대의 진정한 특징을 알아볼 수 있는 가장 믿을 만한 방법은 그 시대의 종교와 현실$^{Realität}$의 관계가 어떤 방향으로 흘러가고 있느냐를 보는 것이다. 어떤 시대에는 사람들이 자기와는 절대적으로 구별된 존재, 그 자체로 영속적인 어떤 존재를 '믿는다.' 그 존재는 그들에게 하나의 실재$^{Wirklichkeit}$다. 그들은 그 실재와 생생한 관계를 맺는다. 그 실재에 대한 어떤 생각$^{Vorstellung}$을 할 수는 있지만, 그것이 지극히 불완전한 것일 수밖에 없음을 그들은 잘 알고 있다. 그런데 다른 시대에는 실재의 자리를 그 실재에 관한 생각이 차지해 버린다. 사람들은 그 생각을 그야말로 '가지고' 그에 알맞게 활용한다. 얼마 지나지 않아 그 생각은 개념으로 고정된다. 그 개념에 들러붙어 있는 것이라고는 한때의 이미지가 남겨 놓은 빛바랜 흔적뿐이다. 이런 시대의 '종교인' 대부분은 자기가 종교적 관계라고 생각하는 그것이 사실 그들과 절대적으로 구별된 실재와의 생생한 관계가 아니라, 그저 자신의 정신 안에서만 일어나는 관계라는 사실을 알아차리지 못한다. 그 정신은 대개 당연한 것으로 여겨지는 이미지들, 당연한 것으로 여겨지는 '아이디어'만을 받아들인다. 이런 시대에는 이런 상황을 너무나 합리적이라고 생각하는 독특한 인간들이 나타나기 마련이다. 그들의 주장에 따르면, 종교란 인간의 영혼 안에 일어나는 내적인 과정에 불과하다. 그 과정이 빚어낸 형상이 그 영혼에 의해 실재의 성격을 갖춘 영역, 그 자체로는 허구적인 영역으로 '투사된다.' 그들은 또 이렇게 말한다. 문화의 시대는 이런 투사를 일으키는 상상력의 강도에 따라 구분되는 것이며, 결국 인간이 지식의 명료함에 도달하게 되면, 어떤 신적인 존재와 나누는 대화[곧 기도]라는 것도 사실은 자기를 구성하고 있는 여러 층위 간의 대화, 곧 혼잣말에 불과하다는 사실을 알게 된다고 말이다. 우리 시대에 이런 인간의 대표자가 이미 말한 것처럼, 신은 "죽었다"라고 선언해야만 하는 때가 된 것이다. 하지만 이런 선언이 실제로 드러내고 있는 것은, 인간이 자기와 절대적으로 구별된 실재[자기와 철저하게 독립된 실재]를 수용하고 그것과 관계를 맺는 데 무능력한 존재가 되어 버렸다는 사실이다. 그 실재 자체에 다가서지 않는 사람들에게 그것을 생생한 이미지로 표상하거나 표현할 수 있는 능력의 상실을 뜻하는 것이기도 하다. 인류 역사에서 발견되는 신의 위대한 이미지는 인간의 판타지에서 나온 것이 아니라, 실제로 존재하는 신적인 힘과 영광을 실제로 만났기 때문에 생겨나는 것이다. 우리와 절대적으로 구별된 실재, 다만 우리가 귀 기울이고 마음을 기울였을 때 어느 정도 가까워지는 것이 가능한 그 실재와 만날 수 있는 능력이 마비되면, 그만큼 신적인 것을 이미지로 포착하는 능력도 마비된다.

## 02

방금 내가 한 말을 오해해서 신의 개념 자체, 그러니까 신적인 것을 개념적으로 파악하려는 시도 자체가 무조건 구체적인 종교적 관계를 손상하는 것처럼 생각해서는 안 된다. 정말 중요한 것은, 그 개념이 얼마나 실재에 부응하느냐 하는 것이다. 신의 개념으로 가리키려는 실재, 바로 그 실재를 제대로 드러낼 수 있느냐 하는 것이다. 개념의 추상성이 크면 클수록, 생생한 경험의 증언을 통해 그 추상성을 누그러뜨려야 한다. 그저 사유의 체계 속에서 결합되는 경험이 아니라 그 추상적 경험과 긴밀하게 연결된 경험이어야 한다. 신의 개념이 신을 인간처럼 묘사하는 모든 시도[신인동형설Anthropomorphism]에서 멀어질수록, 그만큼 더 직접적이고 육체적인 친밀함을 표현함으로써 유기적 보완을 해야 한다. 인간은 신적인 것과 만났을 때 이런 친밀함을 느끼는데 이는 때로는 위협적인 느낌으로, 때로는 마냥 행복한 느낌으로, 때로는 그저 뭔가를 가리키는 것 같은 느낌으로 닥쳐온다. 모든 신인동형적 서술은 그 만남의 구체성을 확고하게 붙잡으려는 우리의 욕구에서 나온다. 하지만 그것이 최종적인 뿌리는 아니다. 그 만남에는 왠지 우리를 강하게 압박하는 신인동형적인 것이 있다. 어떤 상호성을 요구하는, 가장 근원적인 '너'가 있다. 이것은 우리의 작은 인생 속에도 나타나는 순간, 곧 우리와 철저하게 구별된 존재를 의식하게 되는 순간에도 그대로 적용된다. 강력한 힘으로 다가올 때도 있고 영광스러움으로 느껴지기도 한다. 위대한 계시의 순간이 찾아오면 그에 대한 소식이 더듬더듬 우리에게 전해지기도 한다.

진정한 신 개념은, 인간에 의한 인간적인 경험이라는 해석 과정을 통해 반드시 보완되어야 함을 보여주는 근본적으로 중요한 사례를 우리 시대의 문지방 저편, 하지만 그리 멀지 않은 곳에서 찾아볼 수 있다. 그것은 바로 스피노자의 가르침이다. 내가 볼 때, 신의 속성에 관한 스피노자의 견해는 인간 정신이 신인동형적 경향에 맞서 가장 큰 노력을 기울인 경우다. 그는 신적인 본질의 속성은 그 수가 무한하다고 말한다. 그러나 그가 이름을 붙여서 언급하고 있는 속성들 가운데 두 개가 '연장'延長과 '사유'다. 달리 말해 우주와 정신이다. 우리에게 주어져 있는 모든 것, 우리 안이 아니라 바깥에 주어져 있는 모든 것을 다 합쳐 봐야 신의 무한한 속성 가운데 고작 두 개에 해당할 뿐이다. 스피노자의 말은 신을 하나의 '정신적 원리'와 동일시하려는 시도를 경고한다. 사실 우리 시대는 점점 더 확실하게 이런 시도에 빠져들고 있다. 정신이라는 것은 신이 자신의 모습을 드러내는 천사의 형상들 가운데 하나에 불과하다. 물론 이 정신 속에서 신의 위대함은 그 모든 추상성에도 불구하고 더할 나위 없이 생생한 방식으로 드러난다. 그럼에도 이런 최고의 신 개념은 추론적 사유의 영역에 묶여 있으며 종교적 구체성과 분리되어 있다. 그래서 스피노자는 자신의 이론에 또 하나의 요소를 끌어들인다. 그것은 비록 순수하게 '지적인' 차원에서 말한 것이지만, 그 본질상 인간을 추상적 사유의 영역에서 끌고 나와 실재적인 것과의 실재적인 관계를 맺도록 해주는 경험, 필연적으로 그 경험에 기초한 것이다. 그것은 바로 사랑이다.

스피노자의 모든 글은 엄격하게 개념적이지만 어떤 개념이 아니라 구체적인 사실$^{\text{Tatsache}}$에서 출발한다. 그 사실이 없다면 개념적 포착도 불가능했을 것이다. 그것은 (스피노자 역시 그 사실을 자신의 경험을 통해 알았던 것 같은데) 신을 사랑하는 사람이 (많건 적건) 존재한다는 사실이다. 그런데 스피노자는 신에 대한 그들의 사랑을 신의 자기 사랑으로 이해한다. 자기 자신을 향한 신의 사랑이 신의 피조물을 통해 실현되며, 그 사랑은 신을 향한 인간의 사랑과 인간을 향한 신의 사랑을 포함한다.

무한한 속성을 지닌 신, 그래서 자연과 정신이라고 해

봐야 그 무한함의 작은 부분, 겨우 두 개의 속성에 불과한 바로 그 신이 사랑하신다. 그리고 그 사랑은 그분을 향한 우리의 사랑으로 드러나기 때문에 두 사랑은 본질적으로 동일하다. 이로써 신인동형적 경향에 맞서는 가장 극단적인 시도는 숭고한 신인동형설로 귀결된다. 여기서도 우리는 결국 우리가 하나님의 실재와 만난다는 사실을 인정해야 하는 상황에 처한다. 이것은 진정 만남이다. 왜냐하면 그 만남은 절대적으로 동일하지 않은 둘의 동일성, 그러니까 우리의 사랑과 그분의 사랑의 동일성, 유한한 자연적 존재이자 정신적 존재인 우리와 무한한 그분의 동일성('동일한 하나'unum et idem)을 감지하면서 일어나기 때문이다.

# 03

스피노자의 첫 문장은 신이 존재하되, 어떤 정신적인 원리의 방식으로 존재하는 것이 아니라 실재의 방식으로 존재함을 밝힌다. 정신적 원리라는 것은 어쩌면 그것을 생각하는 사람의 생각 안에서만 존재하는 것이겠지만, 실재는 우리의 실존과 완전히 독립적인 실재, 그 자체로 존재하는 실재다. 스피노자는 이것을 실체$^{Substanz}$라는 개념으로 표현한다. 그런데 스피노자의 마지막 문장은 그 신이 우리와 실재적인 관계를 맺고 있으며, 우리도 그 신과 실재적인 관계를 맺고 있음을 알려 준다. 스피노자는 그 둘을 하나로 묶어 신의 '지적인' 사랑이라는 개념으로 표현한다. 여기서 '지적인'이라는 형용사는 이 철학자의 반$^{反}$신인동형적 성향에서 나온 것이라고 이해할 수 있다. 스피노자는 신의 이미지를 인간적으로 구상하려는 시도를 끝내야 한다고 생각했다. 이로써 성서가 말하는 형상 금지 계명을 최대한 구현하려고 한 셈이다. 하지만 (위에서도 이미 언급한 것처럼) 하나님과 인간의 관계 맺음의 실재성을 훼손하지 않으려고 한다.

그러나 후자가 성공하지 못한 것은, 스피노자가 그 관계의 가장 높은 봉우리만 보았을 뿐, 그 관계의 근본적 토대를 보지 못했기 때문이다. 신과 인간의 대화적 특성, 곧 우리에게 갑작스럽게 닥쳐오는 신적인 말 건넴과, 우리의 행함과 행하지 않음으로 나타나는 인간적 대답 사이의 대화적 특성을 알지 못했기 때문이다. 하지만 스피노자가 무엇을 의도했는지는 충분히 명료하게 드러났다.

우리 시대의 사유는 이와 전혀 다른 방향으로 치닫고 있다. 한편으로는 신적인 것의 관념을 (그것이야말로 종교의 본질적인 관심이라고 여기며) 지키면서, 다른 한편으로는 신 관념의 실재적 성격을 지우고 신에 대한 우리의 관계의 실재성을 지우는 데 몰두하고 있다. 드러내 놓고 하든 은밀하게 하든, 반론할 여지 없이 주장하든 조심스럽게 가정하든, 형이상학의 언어로 말하든 심리학의 언어로 말하든, 아주 다양한 방식으로 그 일이 진행 중이다.

우리 시대의 출발 지점에는 스피노자에 대한 공격이 있다. 그 공격은 오랫동안 알려지지 않았고 지금도 충분히 주목받고 있지 않다. 그것은 (이와 유사한 다른 표현들도 있지만) 칸트가 말년에 남긴 독특한 기록에 등장하는 문장이다. "신은 외적인 실체가 아니라 그저 우리 안에 있는 도덕적인 상태다." 물론 칸트 자신이 이 문장을 고수했던 것은 아니다. 이 글에서 칸트는 자꾸 새로운 불안을 내비치며 철저하게 모순되는 명제들을 나열했다. 그러나 이 글을 읽는 수고와 고통을 회피하지 않는 독자라면 결국 간파하게 되는 것이 있다. 칸트가 끝까지 추구했던 것, 파악하고자 했던 것은, 과거 자신이 '실천 이성의 요청'이라고 불렀던 것을 이뤄 내는 신이다. 요구의 무조건성과 모든 내재적인 근거의 조건성 사이의 모순 극복, "구속력이 있는 모든 것의 근거"다.

우리 안에 있는 어떤 상태에 불과한 신은 그것을 이뤄 낼 수 없다는 사실, 오직 스스로 절대적인 존재만이 절대적인 구속력을 보장해 줄 수 있다는 사실이 칸트가 느꼈던 불안의 원인이다. 과거 칸트는 자신의 도덕철학에서 그 근본적인 난점을 피해 갈 방법을 모색했다. 개체로서의 인간이 아니라 인간의 사회를 생각한다면, 그 사회의 존립 가능성은 도덕적 원리를 통해 확보될 수 있다는 것이다. 하지만 우리는 모든 진정한 외로움의 깊은 곳에서, 모든 사회성의 건너편에서도 (어쩌면 바로 거기서) 선과 악의 긴장이 존재함을 경험하고 있지 않은가? 우리의 인생, 우리 인간 한 사람 한 사람이 지향하는 것의 완성과 실패 사이의 긴장을 알고 있지 않은가?

그런 내가 절대로 할 수 없는 것이 있다. 그것은 그런 나를, 나 자신을 향한 '그렇다' 혹은 '아니다'Ja-und Neinsagen의 최종적 근거로 이해하는 것이다. 그런 나를 '그렇다' 혹은 '아니다'라는 말의 무조건성을 보증하는 존재로 이해하는 것이다. 우리는 그 말의 무조건성을 지닐 수 없다. 그러나 그것을 바라고 있다.

이 근원적인 말과의 만남, '그렇다'와 '아니다'를 처음으로 말한 존재와의 만남은 결코 자기 자신과의 만남으로 대체될 수 없다.

## 04

우리 시대의 사상은 신을 비현실적인 것으로 만들기 위해, 신을 도덕적 원리로 축소해 버렸다. 하지만 그것으로 만족하지 않았다. 칸트의 뒤를 잇는 철학의 본질적인 지향은 절대적인 것을 그 자체로서 (곧 "우리 안에" 실존하지 않는 것, 혹은 우리 안에만 실존하지는 않는 것으로서) 복귀시키는 것이다. 예부터 내려오는 '신'(하나님)이라는 이름은 그 말의 심오한 배경을 봐서라도 그대로 놔두기로 한다. 하지만 그 신의 드러남을 경험하는 우리 삶의 구체성과 연결 지으려는 시도는 무의미한 것으로 간주된다. 플라톤, 플로티노스, 데카르트, 라이프니츠 같은 사상가들에게는 너무나 확실했던 것, 곧 우리의 현존을 직접적으로 규정하는 어떤 접촉, 어떤 직관의 실재성이 헤겔의 세계에는 (전혀 다른 지향을 지녔던 그의 청소년기 저작은 예외지만) 더 이상 존재하지 않는다.

"우리가 신이라고 부르는 정신적인 것", 그리고 "유일하게 실재적인 것"은 그 본질상 오직 이성만이 접근할 수 있지, 구체적인 삶을 살아가는 인간의 총체성에 열려 있는 것은 아니다. 헤겔이 자기 철학의 시작으로 삼은 철저한 추상 때문에 '나와 너'의 실재성을 비롯해 현존재의 모든 실재성이 완전히 묻혀 버린다. 헤겔에 따르면, 절대적인 것, 세계 이성, 관념, 곧 '신'은 (자연과 역사 속의 모든 지속과 사건을 그렇게 하는 것처럼) 인간적인 것도 사용하여 자신의 실현, 곧 신의 자기 실현, 완전한 자기 의식에 도달한다. 그러나 신은 우리와 그 어떤 실재적인, 직접적인 관계 속으로 들어오지 않는다. 또한 우리가 그와 어떤 관계를 맺을 수 있도록 허용해 주지도 않는다.

헤겔은 스피노자의 '하나님 사랑'amor Dei에 대해 아주 독특한 이중적 태도를 취한다. 그는 "신의 생명과 신적인 요소는 자기 자신과 더불어 사랑을 즐기는 것이라고 진술할 수 있다"고 말하면서 즉시 이렇게 덧붙인다. "이 관념에서 부정적인 것das Negative의 엄숙, 고통, 인내, 노동이 빠진다면, 그저 신앙심 고취를 위한 감동적인 교훈으로 전락하거나 정말 무미건조한 말로 끝나 버린다." 헤겔이 이렇게 지당한 (물론 스피노자 사상의 핵심을 건드리지는 못했지만) 깨달음으로부터 도출한 결론은, 부정적인 것이 나타나고 극복되는 변증법적 과정에 신(하나님)도 들어와야 한다는 것이다. 그러나 여기서 인간의 현존, 곧 개인적이고 역사적인 현존의 틀 안에서 나타나는 모순과 신의 구체적인 만남은 픽션(허구)의 영역으로 내몰린다.

자신의 무한한 속성 가운데 우리에게는 겨우 두 가지, 곧 자연과 정신을 제시하는 실체,Substanz 그렇지만 우리의 유한한 사랑 안에 자신의 무한한 사랑이 빛을 발하도록 하는 실체[스피노자의 신]는 사라지고 그 자리에 자연과 정신을 포괄하는 절대적인 과정의 주체Subjekt가 들어섰으며, 이 주체는 바로 그 과정에서 "저항할 수 없는 충동"으로 자신의 진리, 자신에 대한 자의식을 획득한다. 세계 이성의 간계가 "자신을 위한 열정을 작동하게 만드는" 그 과정에서 "개인은 희생의 제물로 바쳐진다."

제약 속에 있는 존재와 아무런 제약이 없는 존재, 그 둘의 드라마틱한 '마주함'das Gegenüber은 모든 종교의 근본 주제다. '무신론'을 표방하는 다수의 철학들도 바로 그 주제를 다루되 조금 다른 방식으로 다루었을 뿐이다. 그런데 이제는 그 '마주함'이 지워져 버렸다. 자기 자신과 씨름하고 자기 주변과 씨름하는 세계정신Weltgeist의 지배가 그 자리를 차지했다. 아무런 파트너도 없는, 모든 것을 사용하고 흡수하는 지배만 남았다. 헤겔은 종교를 유지하되, 새로워진 형태의 종교를 유지하고자 했다. '계시된' 종교가 아니라 '계시하는' 종교로서 완성에 이르러야 했다. 헤겔의 시도는 종교에서 그 현실성을 도려낸 셈이다. 우리는 그런 시대의 끄트머리에 서 있다. 그는 자기가 볼 때 최고의 단계라고 여겨지는 단계를 설명하면서 "이제 더 이상 신에게 비밀스러운 것은 없다"고 말한다. 실제로 아무것도 없다. 지금 여기서 신이라고 불리는 것은 인간에게 더 이상 신으로 존재할 수 없다. 인간이 절망에 빠졌을 때, 환희에 사로잡혔을 때 가장 비밀스러우면서도 확실한 방식으로 그 인간과 만나주는 그런 신은 아닌 것이다.

# 05

"신은 죽었다. 우리가 그를 죽인 것이다." 니체의 이 문장은 우리 시대의 최종적인 상황을 격정적으로 요약해 놓았다. 이것은 과거 헤겔이 썼던 문장을 다른 의미, 다른 강조점으로 계승한 선언문이다.[1] 그런데 여기서 드러난 존재-지평의 공허함을 다시 메워 보려는 시도가 훨씬 더 또렷하게 나타난다. 여기서는 특별히 중요한 두 가지 시도만 언급하려고 한다.

베르그송의 출발점은 "생명을 드러내는 창조주의 노력" effort créateur que manifeste la vie이다. 그는 말한다. "이 노력은 신의 것(신에게서 온 것est de Dieu)이다. 만일 그것이 신 자체가 아니라면 말이다." 이 문장의 둘째 부분은 첫째 부분을 무효로 만든다. 일단 어떤 노력(애쓰는 것), 그러니까 어떤 과정 혹은 그 과정의 초기 형태는 (신이라는 개념의 의미를 완전히 포기하지 않는 한) 신이라고 부를 수 없기 때문이다. 그러나 더욱 중요한 두 번째 이유가 있으니, 인간의 결정적인 종교적 경험이 일어나는 곳은 창조적인 힘이 아무런 모순

없이 작동하는 곳이 아니라 재앙과 구원, 절망과 신뢰, 썩어짐의 힘과 새로워짐의 힘이 나란히 존재하는 곳이라는 사실이다. 인간이 자신의 삶 속에 실제로 만나는 신적인 것은 마력 위를 둥둥 떠다니는 것이 아니라 그 마력을 꿰뚫는다. 신의 존재를 무언가를 생산해 내는 기능에 한정시키는 사람은 지금 우리가 살고 있는 실제적인 세상을 모르는 사람이다. 어디서나 불타오르는 모순을 겪고 있는 세상, 그래서 어디서나 구원을 갈망하고 있는 세상 말이다.

하이데거가 대변하는 견해는 이와는 성격이 본질적으로 다르다. 그는 베르그송과 다르게 새로운 신 개념을 추구하지 않는다. 그는 신의 죽음에 대한 니체의 선언을 받아들여 그것을 해석한다. 물론 그의 해석은 의심할 여지 없이 올바른 해석이다. 하이데거는 "신은 죽임을 당했다"는 진술을 다음과 같이 이해한다. 우리 시대의 인간은 신 개념을 객관적 존재의 영역에서 '주관성의 내재' 영역으로 끌고 들어왔다. 실제로 전형적인 근대 사상은 단순히 우리의 주관성 속에 머물러 있지 않은 신, 단순히 '최고의 가치'로 남는 것을 거부하는 신을 받아들이지 않는다. 우리를 이런 사상의 방향으로 인도하는 것은 (우리가 이미 살펴본 것처럼) 일직선으로 뻗은 길은 아니지만, 그래도 궁극적으로는 명확한 하나의 길이다. 그런데 하이데거는 여기서 한 걸음 더 나아간다. "죽인다는 말은 그 자체로 존재하는 초감각적인 세계를 인간이 없애 버리는 것을 의미한다." 이 문장은 이 것 자체로만 놓고 볼 때는 맞는 말이다. 그러나 이 말은 (하이데거가 니체를 올바르게 해석했다면) 니체도 하이데거도 깨닫거나 인정하지 못한 결정적인 문제로 이어진다. 하이데거가 이해하는 "그 자체로 존재하는 초감각적인 세계"는 "가장 높은 목적, 존재자의 근거와 원리, 이상, 초감각적인 것, 신, 신들"이다. 그러나 구체적인 삶의 상황 속으로 인간을 찾아와 말을 건네는 신은 그런 '초감각적 세계'의 일부가 아니다. 그 신은 초감각적 세계든, 감각적 세계든 단순히 주관성의 대상으로 붙잡혀 있는 존재가 아니다. 그럼에도 인간이 그 신과의 만남을 자기와의 만남으로 이해하려고 한다면, 인간이라는 틀은 터져 버리고 말 것이다. 이것이 지금 이 시간의 징표다.

하이데거는 이 시간을 밤의 시간으로 본다. 제대로 본 것이다. 이것은 하이데거의 주요 저서들이 집중적으로 파고들어 해석했던 시인, 횔덜린의 작품에 나오는 표현을 그가 가져온 것이다. 거기에 이런 구절이 있다.

슬프다! 밤을 서성이고 있구나. 저승에 있는 것처럼,
신적인 것 없이 살고 있구나, 우리 세대는.

물론 하이데거는 (비록 하나의 가능성에 불과하지만) 사색적인 변화를 예고하고 있다. 그 변화로부터 다시 날이 새고 "신과 신들의 나타남이 새롭게 시작될 수 있다." 절대성을 강조하는 단수와 다양한 관점을 포용하는 복수를 나란히 둔 것은 횔덜린의 시와는 다른 울림으로 다가온다. 150년 전, 횔덜린은 신을 찬양하면서 그 신이 자연의 역동적인 힘 속에서 모습을 드러낸 것, 곧 신들도 함께 찬양했다. 그런데 오늘, 우리는 운명적인 질문을 마주하고 있다. 그것은 모든 주체성과 그것을 압도하는 존재 사이의 본질적 차이에 관한 질문이다. 이런 상황에서 단수와 복수의 병행은, 이미지 부재의 시대가 지나가고 일련의 이미지들이 (신의 이미지, 신들의 이미지, 신과 신들의 이미지) 새롭게 나타날 수 있다는 것을 예고한다. 그런데 여기서도 인간은 신적인 것과의 실재적인 만남을 경험하거나 받아들이지 않는다.

그러나 만남의 진리가 없다면 모든 이미지는 눈속임 장난에 불과하다. 그리고 이런 순간에도 말로 터져 나올 수 있는 언어, 그 언어의 치명적인 진지함을 아는 사람이라면 감히 누가, 실재적인 만남의 차원 위에 '신'이라는 말과 '신들'이라는 말을 나란히 놓을 수 있겠는가? 과거에는 인간이 자기 삶을 신에게 바치면서 진정으로 신을 불렀고 그가 말하는 신은 그때 거기서 구체적인 힘과 형태로 느껴지는 신 자체, 신의 신성 자체를 의미했다. 그러나 지금은 그런 흔적을 찾아볼 수 없다.

횔덜린의 경우도 그렇다. 그 자신도 단수와 복수를 결합했지만, 여기서 정말 중요한 것이 무엇인지 감지하면서 '신들의 신'이라는 표현을 썼다. 이 말은 단순히 '최고의 신'이라는 뜻이 아니라 '신들에게도' 신으로 존재하는 분을 의미한다.

# 06

하늘의 태양이 어두워진 것, 신의 일식日蝕은 지금 우리가 살고 있는 '세계 시간'Weltstunde의 특징이다. 그러나 이것은 인간의 정신에서 일어난 여러 가지 변화를 토대로 충분히 파악해 낼 수 있는 과정이 아니다. 태양이 가려져 어두워진 것은 그 태양과 우리의 눈 사이에 일어난 사건이지 태양에 일어난 일이 아니다. 철학은, 우리가 신을 보지 못하는 존재라고 생각하지 않는다. 철학이 지적하는 것은, 특히 오늘날 우리에게 어떤 정신적 상태가 결여되어 있는데 그것은 '신과 신들'이 다시 나타나는 것, 숭고한 이미지들이 다시 떠올라 지나가는 것을 가능하게 만들 수 있는 정신적 상태다. 그러나 지금처럼 하늘과 땅 사이에 어떤 일이 일어난다면, 그 신비를 해명하는 능력을 현세의 생각(지구적 사유 Erdendenken) 안에서 찾아내려고 고집하다가는 모든 것을 그르치게 된다. 초월의 실재, 생생하게 약동하는 실재, 우리와 마주한 존재를 그 자체로 견뎌 내려고 하지 않는 이는 인간 편에서 그 일식 현상에 기여하고 있는 셈이다.

우리는 다음과 같이 가정할 수 있다. 이제 인간은 "그 자체로 존재하는 초감각적인 세상을 제거하는 일"을 완벽하게 수행해 냈다. 인간이 어떤 방식으로든, 얼마만큼이든 짊어지고 있던 원리들과 이상들은 더 이상 존재하지 않는다. 그런 모든 것과는 달리 '그것'이라고 부를 수 없고 그 대신 '당신'$^{Du,}$ 너이라고 부르며 말 건네고 관계를 맺을 수 있는 존재, 인간과 진정으로 마주하고 있는 존재는 앞서 설명한 논쟁의 과정에서 빛을 잃고 어두워질 수 있다. 그러나 그 존재 자체는 어둠의 벽 뒤쪽에서 아무런 흔들림 없이 건재하다.

인간은 '신'이라는 이름까지 폐지한다. 사실 그 이름은 필연적으로 '소유격'을 동반한다. 만일 그 소유격의 임자가 그것을 거절한다면, 만일 '인간의 하나님'이 존재하지 않는다면, 그는 자신의 토대를 잃어버린 것이다. 그러나 그 이름으로 불리는 존재는 영원의 빛 속에 살아 있다. 그러나 우리, "죽여 없애 버리는" 자들은 죽음에 넘겨진 존재로서 어둠 속을 헤맨다.

유대교 전설에 이런 이야기가 있다. 최초의 인간들이 창조 첫날 하나님을 저버리고 낙원에서 쫓겨났을 때 처음으로 해가 지는 것을 봤다. 그들은 깜짝 놀랐다. 자신의 죄 때문에 이 세상이 다시 혼돈 속으로 가라앉게 된 것이라고 생각했기 때문이다. 달리 생각할 여지가 없었다. 두 사람은 마주 보고 앉아 밤새도록 울었다. 그리고 회개가 일어났다. 바로 그때 아침이 밝아 왔다. 아담은 일어나서 뿔 하나 달린 짐승[유니콘]을 잡아 자기 대신 제물로 바쳤다.

# 종교와 철학

# 01

　종교의 영역과 철학의 영역을 완전히 구분하는 것의 어려움, 그리고 그 어려움을 올바로 극복하는 길은, 우리가 이런 관점에서 두 영역을 대표하는 두 사람, 곧 에피쿠로스와 붓다를 비교할 때 가장 명확하게 드러난다.

　에피쿠로스는 신들이 존재한다고 가르친다. 여러 세계 사이의 여러 공간 속에 살아 있는 불멸의 존재, 순수한 완전의 존재다. 그런데 그 신들은 이 세상에 어떤 힘을 행사하지도 않으며 이 세상에 대한 관심도 없다. 그런데 그는 인간이 그 신들을 잘 섬겨야 한다고 가르친다. 경건한 생각과 전통적인 관습을 통해 신들을 경배해야 한다. 특히 신들에게 경건하고 합당한 방식으로 제물을 드려야 한다. 에피쿠로스 자신도 신들을 경배하고 제물도 드린다. 그러나 그는 어느 희곡에 등장하는 인물의 말을 인용하여 지나가듯 이렇게 말한다. "나는 신들에게 제물을 바쳤는데, 신들은 나에게 전혀 관심이 없다." 에피쿠로스의 경우에는 일종의 교리적 가르침이 있고 제의의 실천도 있지만, 이것은 명백한 종교적 입장이 아니라 철학적 입장이다.

붓다도 신들에 관해 말한다. 언급할 만한 가치가 있는 경우에 한해 민속 신앙의 신들을 다루되, 태연하고 도도한 호의를 보이며 거론하고 있다. 붓다가 말하는 신들은 (에피쿠로스의 신들과는 달리) 인간 세상에 관심을 보이는 신들이다. 그런데 이 신들은 인간과 마찬가지로 욕망의 사슬에 묶여 있으며, 인간과 마찬가지로 '윤회의 수레바퀴'에 얽혀 있는 하늘의 형상들이다. 인간은 그 신들을 숭배한다. 하지만 전설에 따르면, 바로 신들이 숭배해야 할 대상이 있으니, 그것은 윤회의 수레바퀴에서 해방된 자, 다른 존재를 그 수레바퀴에서 해방하는 자, '깨달은 자', 곧 붓다다. 붓다는 "태어나지 않고, 생겨나지 않고, 만들어지지 않은" 참으로 신적인 것을 알고 있다. 붓다는 오로지 그런 부정의 진술로 그 신적인 것을 알고 있으며 그것에 대한 어떤 진술도 거부한다. 그러나 그의 존재 전체가 신적인 존재와 관계를 맺고 있다. 그러므로 붓다의 경우는 신에 관한 지식도 없고 신을 향한 예배도 없지만, 그럼에도 종교적 실재성이 명백하게 드러난다.

# 02

그러므로 신적인 것이 인간의 모습으로 나타나는지, 그렇지 않은지는 참된 종교의 여부를 가늠하는 결정적인 기준이 될 수 없다. 정말 중요한 것은, 내가 그 존재와 관계를 맺고 있는지다. 여기서 그 존재는 나와 마주한 (오직 나만 마주한 것은 아니지만) 존재자다. 신적인 것을 완벽하게 인간적인 자기의 영역으로 끌어들이는 것은 신적인 것의 신성을 폐기하는 일이다. 진정으로 신을 말하기 위해 반드시 신에 관해 알아야 하는 것은 아니다. 어떤 진실한 신자는 신에 관한 지식을 갖고 있기는 하지만 신에 관해 말하지는 않는다. 알지 못하는 신, 그러나 인간은 그 신을 우러르며 살아가고, 그 신을 마주하며 걸어가고, 감히 그 신을 외쳐 부른다. 그렇다면 그 미지未知의 신은 누가 뭐래도 종교의 대상이다. 신을 초월성에 한정하기를 거부하는 사람은, 신을 초월성에 한정하는 사람보다 더 큰 신을 알고 있는 것이다. 신을 내재성에 한정하는 사람은 신이 아니라 다른 존재를 말하는 것이다.

그 둘 사이의 어마어마한 차이는 아이스킬로스에게서 나타난 종교적 언어와 에우리피데스의 종교적 언어를 비교하면 확실하게 드러난다.

다음은 아이스킬로스의 『아가멤논』 합창에 나오는 한 대목이다.

제우스, 그가 누구이든지,
그렇게 불리는 것이 그의 마음에 든다면
나는 그 이름으로 그를 부르리라.

"그가 누구이든지"를 이해할 수 있는 단초가 아이스킬로스의 다른 단편에 나오는데, 거기서 시인은 자신의 감정을 역설적으로 이렇게 표현한다.

제우스는 모든 것이고 그것 위에 있는 것이다.

여기서 내재성은 초월성과 하나가 된다. 그런데 고전의 해석자 아이스킬로스는 "그렇게 불리는 것이 그의 마음에 든다면"과 관련해서 플라톤의 『크라튈로스』에 나오는 말을 인용한다. "우리는 신들의 존재도 모르고 참된 이름도 모른다." 바로 그렇기 때문에 우리는 기도하면서 그 이름을 부르며, 신들은 바로 이렇게 자기 이름이 불리기를 원한다고 설명한다.

이와는 반대로 에우리피데스의 『트로이아 여인들』에서 노년의 왕비 헤카베는 제우스를 이렇게 부른다.

당신은 이 땅의 근원이시고 온 땅을 다스리시나니
당신이 누구이시든, 우리의 지식으로는 파악할 수 없나이다.
제우스든 운명이든 인간의 정신이든,
저는 당신께 간청합니다.

이 인용문의 첫 부분이 아이스킬로스의 단편과 잘 통하는 것처럼 보이지만, 곧이어 완전한 내재성이 여러 가능성 가운데 하나로 ("유한한 인간의 정신"을 향해서도 기도를 올릴 수 있다는 듯!) 간주되는 것만 보더라도 여기서 종교적 상황은 폐기된다. 에우리피데스의 다른 비극에 나오는 부분을 보면, 이 사실을 더욱 잘 이해할 수 있다. 예컨대 이런 구절이 있다.

우리는 신들의 노예, 그 신들이 무엇이건 간에.

또 다른 구절은 이렇다.

제우스, 제우스가 누구이든 간에

나는 풍문으로 들어서 아는 정도라네.

에우리피데스는 아이스킬로스가 아직 살아 있을 때 태어난 마지막 비극 작가인데, 아이스킬로스의 "그가 누구이든"에서, 그 말과 거의 비슷해 보이지만 "제우스가 누구이든 간에"로 이어지는 길은 대단히 의미심장한 변화다. 물론 이 말을 한 것은 에우리피데스 자신이 아니라 그의 작품에 나오는 인물이다. 그러나 그 인물이 인간 영혼의 내적인 상황, 그가 살아가고 있는 시대의 상황을 대변하고 있음은 너무나 명확하다. 이것은 신적인 것을 더는 자기와 '마주한 존재'Gegenüber로 경험하지 않는, 그렇게 경험하려고 하지 않는, 그렇게 경험할 능력이 없는 인간의 상황이다. 인간이 그 존재를 실존적으로 기피하다 보니 그것을 상실하게 된 것이다. 아이스킬로스의 작품에 나오는 합창은 신을 3인칭으로 부르고 있음에도 인간이 신적인 존재에게 보내는 진정한 외침을 나타내는 반면, 헤카베의 비장한 외침에는 세 번이나 2인칭으로 '당신'을 호명하고 있지만 궁극적인 의미에서 '당신'Du, 너이 드러나지 않는다.

프로타고라스가 한 유명한 말이 있다. 신들이 존재하는지, 존재하지 않는지는 알아낼 수가 없으니, 이는 그 대상이 불명확하고 인간의 생애가 짧아서 연구가 제대로 이루어질 수 없기 때문이다. 프로타고라스의 이 말은 앞에서 언급한 상황을 철학적 인식의 언어로 번역한 것이다. 물론 이런 인식은 철저하게 시대적 제약 속에 있다. 모든 절대적인 것을 보편적 상대성의 거울로 포착해 흡수하는 이 독특한 인식의 입장에서 볼 때, 신들에 관한 질문은 그저 그 신들이 존재하는지 알아내는 일의 가능성에 관한 질문이 되고 말았다.

그보다 이전 세대의 위대한 사상가들이 볼 때 이런 질문은 말도 안 되는 것이었다. 헤라클레이토스는 "여기에도 신들이 있다"라는 말을 한 적이 있다. 이때 "~에도"라는 말은 신적인 존재가 당장의 현실 속에 현존함을 가리키는 강력한 암시다. 또한 그는 그 위대한 한 분, 독보적인 지혜의 존재가 제우스라는 이름으로 불리는 것을 원할 수도 있고 그렇지 않을 수도 있다고 말한다. 신적인 것과의 만남을 종교라고 하고, 그 신적인 것을 철학적인 생각 속에서 객관화하는 것을 철학이라고 한다면, 그는 종교와 철학의 근원적 연결성을 표명한 셈이다.

그런데 소피스트들은 이런 연결성의 해체를 선언한다. 그들이 민간 전통에서 발견한 신화와 제의는 더 이상 어떤 초월적인 것의 증거나 징표가 아니라 그저 상상이나 유희에 불과하다. 더는 만남의 능력이 없는 인간, 거침없이 생각하는 능력만 있는 인간이 종교의 영역에서 끄집어내는 것이라고는 고작해야 신들이 존재하는지 그 여부를 알아내는 것과 관련된 질문이다. 그리고 이 물음은 모든 경험과는 별개로 오직 논리적 정합성에 따라 부정되어야 한다. 이렇게 철학은 종교로부터 완전히 분리되면서 (이제 철학의 관점에서 종교란 기껏해야 인간 정신의 역사를 돌아볼 때나 관심을 가져 볼 만한 것) 두 영역의 철저한 분리 가능성과 필연성이 제기되었다. 이 가능성과 필연성이 분리의 시대에만 부각된 것이 아니라 다른 철학들의 시대 초반부에도 영향을 끼친다. 그 시대의 모든 철학은 여전히 종교와의 연결성을 지니고 있지만 여기서 '사유의 진리'와 '믿음의 실재'는 날카로운 대조를 보인다. 그 둘을 결정적으로 갈라놓는 특징 가운데 일부가 실제로 그 초반부에 가장 뚜렷하게 드러난다.

# 03

 모든 위대한 종교성을 보면 다음과 같은 사실을 알 수 있다. 믿음의 실재란 '믿음의 대상이 되는' 존재, 곧 아무런 조건 없이 긍정할 수밖에 없는 무조건적인 존재를 바라보며 사는 것을 의미한다. 그에 비해 모든 위대한 철학을 보면서 알게 되는 것은, 사유의 진리란 그 무조건적인 것을 자기의 대상으로 (다른 모든 대상이 바로 거기서 연원하는 것으로) 삼는 것을 의미한다는 사실이다.

 믿는 사람이 의식하고 있는 존재가 어떤 제약도 없는 존재, 어떤 이름도 없는 존재, 어떤 인격적인 것으로 포착될 수 없는 존재라고 하더라도, 그가 이 존재를 자기 삶 속에서 구체적으로 마주한 존재$^{Gegenüber}$로 경험한다면, 그때 그의 믿음은 실재하는 것이다. 그에 비해 그 절대적인 존재를 여전히 인격적인 모습으로 규정해 생각한다고 하더라도, 내가 그 존재를 나의 대상$^{Gegenstand}$으로 생각한다면, 그때 나는 철학을 하고 있는 것이다. 종교는 그 "생겨나지 않은" 존재를 결코 우리의 입 혹은 정신으로 말할 수는 없다고 하더라도 '나와 너'라는 짝에서 시작되며, 철학은 그 철학적인 행위가 하나됨을 직관하는 방향으로 흘러간다고 하더라도 '주체와 객체'라는 짝에서 시작된다. 나와 너의 짝은 종교적 관계에서 완성된다. 주체와 객체의 짝은 철학이 지속되는 한 철학을 지탱한다. 전자는 개별적인 존재의 근원적 상황에서 유래한다. 그는 존재자와 얼굴을 마주하고 있으며, 그 존재자는 그를 향하고 그는 존재자를 향하여 존재하고 있다. 후자는 그 더불어 있음이 둘로 쪼개져서 본질적으로 다른 두 존재 방식이 될 때 나타난다. 여기서 한쪽의 존재는 관찰과 숙고를 통해 자신의 현실성을 획득하고 다른 한쪽의 존재는 관찰과 숙고의 대상이 될 뿐이다. 나와 너는 삶으로 구체화될 때 존재하며, 추상의 힘으로 만들어진 주체와 객체는 그 힘이 작동하는 동안에만 존속한다.

종교적 관계는 (아무리 다양한 모습, 다양한 집단으로 나타난다고 하더라도) 근본적으로는 우리에게 부여된 현존재가 펼쳐진 것이다. 그에 비해 철학적 입장은 우리의 의식이 독자적으로 파악하고 의지함으로써 나타난 결과물이다. 철학의 경우에는, 그 정신적인 작품 속에 인간의 정신이 집결된다. 그렇다! 모든 인간 위로 어수선하게 흐트러져 있던 정신적인 요소들은 바로 이 지점, 부지런히 제 몫을 감당해 낸 사유의 가파른 산등성이 위에서 비로소 정신이 된다고 말할 수 있다. 그러나 종교는 그저 현존재의 펼쳐짐이며, 자신과 마주하고 있는 영원한 존재를 견뎌 내는 총체적인 것이라서, 모든 정신적인 요소도 개별적인 존재가 자기 위치에서 구성하고 있는 실질적 통일성 속으로 통합된다.

철학은 종교를 노에시스와 관련된 것으로 규정하려는 오류를 범할 때가 많다.· 그것도 불충분한 노에시스로 간주하면서, 어떤 대상에 대한 인식 속에서 그 본질을 관찰하려고 한다. 여기서 인식 대상과 인식 행위는 무덤덤한 관계일 뿐이다. 그래서 철학이 이해하는 믿음은 선명한 앎과 흐릿한 주장 사이에 있는 것, 뭔가를 진실이라고 간주하는 것이다. 그러나 종교가 말하는 인식이란, 하나의 사유 주체와 객관적인 사유 객체 간의 노에시스적인 관계가 아니라, 살아서 서로 영향을 미치는 실존과 실존의 접촉, 삶의 풍성함 속에 일어나는 접촉의 생생한 상호성이다. 종교가 이해하는 믿음이란 바로 그 상호성 안으로 들어감이다. 드러내 보일 수 없는 것, 확실하게 파악할 수 없는 것, 증명할 수 없는 것, 그러나 바로 그래서 연결됨 속에서 경험할 수 있는 존재와 연결됨이다. 여기서 모든 의미가 나온다.

· 철학자 에드문트 후설(Edmund Husserl, 1859~1938)은 '무엇에 관한 의식'을 노에시스(Noesis)라고 부르고 그 '의식이 향하고 있는 무엇'을 노에마(Noema)라고 부른다.

# 04

또 하나의 구분은 근대 철학이 시도하고 있는 좀 더 성숙한 형태의 구분인데, 이것은 각각의 목표 혹은 의도에 따른 구분이다. 이 구분에 따르면 철학은 본질의 탐구를, 종교는 구원의 탐색을 지향하고 있다. 물론 구원은 순수하게, 근본적으로 종교적인 범주다. 그러나 구원의 탐색과 본질의 탐구는 완전히 다른 영역이라고 할 수 없다. 오히려 그 둘의 본질적 일치를 설명해 내는 것이 종교의 가장 고귀한 경향이다.

구약성서에 나오는 "하나님의 길"이라는 말은 (복음서의 언어도 이 표현을 이어받았는데) 인간이 걸어가는 인생 여정을 위한 여러 가지 규정과 규칙의 총합을 뜻하는 말이 결코 아니다. 하나님의 길은 글자 그대로 하나님이 이 세상 속에서, 이 세상을 관통하여 걸으시는 길로 이해해야 한다. 이것이야말로 신 인식의 본질적 영역이다. "하나님의 길"이라는 말이야말로 그분의 활동 속에서 그분이 드러남을 의미하기 때문이다. 그 길이야말로 '하나님을 본받는 일'

imitatio Dei의 원형이며 인간이 구원에 이르는 길이다.

중국 철학의 도,道 곧 '길'도 마찬가지다. 온 세상은 그 길의 궤도를 따라 움직인다. 도는 온 우주의 근본 원리이며, 인간은 그 길에 순종하며 '도를 본받아' 살아간다. 이것이 인간의 영혼이 도달할 수 있는 최고의 경지다. 그러나 여기서 우리가 조심해야 할 것이 있으니, 그것은 종교가 이런 의도를 아주 존중하지만 그것 자체를 가장 높고 본질적인 것으로 여기지는 않는다는 사실이다. 이런 의도성을 지닌 태도로 의도하고 있는 것은 바로 그 의도에서 자유로워진 태도다. 구원을 추구하는 데 정말 중요한 것은 그 구원이 일으키는 작용이다. 그런데 '길'은 의지로 밀어붙일 수 없는 것, 나를 넘어서 하나됨을 이루는 것이다.

철학의 의미는 그야말로 철학을 하는 것이다. 그러나 종교의 의미는 (그 종교가 진정한 종교일수록) 자기 자신의 극복이다. 종교는 '종교'라는 특수성으로 존재하기를 그치고 진정한 삶이 되려고 한다. 종교는 궁극적으로 특별한 종교적 행위를 추구하는 것이 아니라 모든 특별한 것으로부터 해방되고자 한다. 종교는 역사적으로나 종교사적으로나 순수한 일상을 추구한다. 종교적 관점에서 봤을 때 종교는 인간의 망명(유배) 상태das Exil des Menschen다. 인간의 고향은 자신의 의지를 내려놓고 '하나님의 얼굴을 마주한 삶'이다. 종교가 인간의 삶에 얼마나 밀착되어 있는지를 토대로 종교를 서술하지 않고, 종교적 특수성의 확장을 토대로 종교를 서술하려는 것은 종교의 가장 실질적인 의도와 충돌한다. 그러나 그 일은 보편성 속에서 그 특수성을 증발시키는 방식이 아니라, 특수한 것을 근본적인 것 속에서 응고시키는 방식으로 이루어져야 한다.

# 05

역사 속 여러 종교 가운데 하나의 역사를 들여다보면, 다양한 시대와 다양한 단계 속에서 본질적으로 똑같은 하나의 내적인 투쟁이 반복되고 있음을 보게 된다. 그것은 사방에서 밀려오는 비종교적인 것과 맞서는 종교적인 것의 투쟁이다. 신앙의 삶은 언제나 흐름 속에 있고 그 흐름 속에서 자기 갱신도 이루어지는데, 형이상학, 영지주의, 마법, 정치 등의 비종교적인 것이 결합해 신앙적 삶을 몰아내고 자신들이 그 자리를 차지하려고 한다. 게다가 그 결합체는, 원래 종교적 관계를 드러내는 언어의 역할을 하는 신화적인 것, 제의적인 것에서도 지원을 얻어 낸다. 종교적 요소는 그렇게 생겨난 거대한 덩어리가 한 인간의 종교적 삶에서 벗어나 독립하려는 시도를 깨뜨림으로써 자신의 순수성을 보존해야 한다. 이런 투쟁은 예언자들의 저항, 이단들의 반항, 기존의 것을 철폐하는 종교개혁파의 노력, 부흥을 꿈꾸며 새롭게 시작하는 노력 속에서 다양하게 나타나고 있다. 그러나 그 다양함 속에는 하나의 동일성이 뚜렷하게 드러난다. 그것은 삶으로 체험되는 구체성의 보존을 위한 투쟁이다. 그 구체성이란 인간적인 것과 신적인 것이 만나는 장소, 결코 무가치한 것이 될 수 없는 장소. 그때그때 체험되는 구체성은 결정적인 '순간', 곧 미리 내다볼 수도 없고 다시 되돌릴 수도 없는 순간, 다른 어떤 것으로부터 도출되지 않는 단 한 번의 순간, 결정의 힘을 가진 순간이다. 나에게 무작정 닥쳐오는 것과 내가 어느 정도 의도했던 것 사이, 운명과 행동 사이, 말 건넴과 대답 사이의 비밀스러운 대화 속에 있는 순간이다. 종교 외적인 요소들은 바로 이것을 향해 저돌적인 공격을 퍼붓고 있으며, 종교적 요소는 모든 전선에서 그야말로 아무 가망이 없는 외로움을 끌어안고 이것을 사수하고 있다.

어떤 종교의 경우든 그 종교의 신앙적 내용물 중에 그 종교를 가장 잘 드러내는 것은 최고의 확신<sup>확실성, Gewißheit</sup>이다. 이것은 인간 존재의 의미가 각각의 구체적인 체험 속에서 환히 열리고 인간은 그 의미를 발견할 수 있다는 확신이다. 이 확신은 실재와의 육박전, 늘 사건으로 일어나고 있는 실재와의 치열한 육박전 너머에 있는 것이 아니라 그 안에 있다.

각 삶 속에서 체험되는 구체성 속에서 의미가 드러나고 마침내 그 의미에 도달할 수 있게 된다는 말은 무슨 뜻인가? 그 구체성에 대한 분석적이거나 종합적인 연구를 통해, 그리고 그 연구에서 나오는 성찰을 통해 의미를 찾아내고 간직할 수 있다는 뜻이 아니다. 그 의미는 바로 그 구체성 안에서, 그러니까 생생한 행위와 고통 속에서, 순간의 완전한 순간성 속에서 경험된다. 물론 그 경험을 경험하는 것만 노리면 필연적으로 그 경험을 놓칠 수밖에 없다. 그런 자세 자체가 그 비밀의 즉흥성을 침해하고 있기 때문이다. 그렇다면 누가 그 의미에 도달하게 되는가? 그 실재의 철저한 다스림을 아무런 조건 없이 전적으로 견뎌 내는 사람, 내가 얻은 그 의미를 내 삶으로 기꺼이 지켜 내겠다는 다짐으로 그 다스림에 응답하는 사람이다.

모든 종교적인 발언은 그렇게 해서 얻은 의미를 그에 알맞게 표현하려는 시도, 그러나 결코 성공할 수 없는 시도다. 모든 종교적 표현은 그 체험을 암시할 뿐이다. 시내산에서 이스라엘 백성이 한 말, 곧 "우리가 그것을 행하고 우리가 그것을 듣겠습니다"라는 말은 그 결정적인 것을 소박하게, 더할 나위 없이 의미심장하게 담아내고 있다. 그 의미는 우리가 자신의 인격을 다 담아서 그 인격이 드러나는 데 참여할 때 비로소 발견된다.

- 출 24:7. "야훼께서 하신 모든 말씀을 우리가 실행하고 지키겠습니다." 부버의 번역은 히브리어 원문 그대로 옮긴 것이다.

# 06

모든 종교적 실재는 성서의 종교가 "하나님을 경외함" Gottesfurcht이라고 부르는 것에서 시작된다. 그것은 탄생과 죽음 사이에 있는 현존재가 도저히 파악 불가능한 것, 무시무시하고 섬뜩한 것이 됨이다. 모든 확실한 것, 안전한 것이 신비로 인해 뒤흔들림이다. 그 신비는 상대적 신비가 아니다. 그저 인간의 인식 능력으로 파악하지 못할 뿐, 원칙적으로는 해명이 가능한, 아직 인식되지 않은 신비가 아니라 본질적인 신비. 도저히 캐낼 수 없음을 본질로 하는 신비다. 신앙인은 이 어두운 문Tor을 통해 (어떤 신학자들은 집Wohnhaus이라고 주장하지만 그것이 아니라 글자 그대로 문이다) 바야흐로 거룩해진 일상 속으로 들어간다. 그 일상은 그가 신비와 함께 살아야 하는 공간이다. 그는 자기 실존의 구체적인 상황의 맥락을 바라보며 그 맥락을 의지하고 살아간다. 그에게는 그 상황을 주시는 분이 있으며, 그분이 주신 그 상황을 받아들인다. 이것이 성서의 종교가 말하는 "하나님을 경외함"이다.

우리 시대의 저명한 철학자 화이트헤드는 "하나님을 경외함이 지혜의 시작"이라는 구약성서의 말씀과 "하나님은 사랑"이라는 신약성서의 말씀이 어떻게 양립할 수 있는지 묻는다. 그는 "시작"이라는 말의 의미를 완전하게 파악하지 못했다. 먼저 경외함을 경험하지 못한 상태에서 사랑으로 시작하는 사람은 우상을 사랑하는 것이다. 우상은 내가 원하는 대로 할 수 있고 그런 우상을 사랑하는 것은 쉬운 일이다. 그러나 진정한 하나님은 일단 두려움이 느껴지고 도무지 이해가 되지 않는다. 만일 그가 나중에 (욥처럼, 이반 카라마조프처럼) 하나님이 두려운 분, 이해되지 않는 분이라는 사실을 깨닫게 되면, 경악하면서 하나님과 이 세상에 대해 절망한다. 욥의 경우처럼 하나님이 그 사람을 불쌍히 여기시고 그 사람이 그분을 사랑하도록 해주지 않으신다면 말이다.

화이트헤드가 종교란 '허무의 하나님'God the void에서 '원수 하나님'God the enemy으로 넘어감이요, 거기서 또 '동료 하나님'God the companion으로 넘어감이라고 말한 것도˙ 바로 이것이다. 두려움의 문을 통과한 신앙인이 자기 실존의 구체적인 상황의 맥락을 바라보며, 그것에 의지해 살아간다는

---

· 알프레드 노스 화이트헤드, 『종교란 무엇인가』, 문창옥 옮김(사월의책, 2015), 34. 이 번역본에서는 '공허한 신', God the void '적으로서의 신', God the enemy '동반자로서의 신'God the companion이라고 옮긴다.

말은 무슨 뜻인가? 그것은 그가 삶 속에서 직접 경험한 실재를 (그것이 아무리 두렵고 이해할 수 없다고 하더라도) 하나님과 마주하고 견뎌 낸다는 것, 그리고 마침내 하나님을 사랑하는 법을 배워 그 사랑 안에서 바로 그 실재를 사랑하는 것을 의미한다.

그러므로 진정한 종교적 언어는 명백히 드러난 것이든 감춰진 것이든 어떤 인격적인 특성을 지니게 된다. 다시 말해, 그 언어는 한 인격이 인격 그 자체로서 참여하게 되는 구체적인 상황에서 나온 말이다. 이런 일은, '나'라는 말을 쓰는 것에 대한 고결한 거리낌이 있어서 근본적으로는 그 말을 쓰지 않는 문화권에서도 나타난다. 공자는 신에 대한 말을 꺼리는 것만큼 자기 자신에 대한 말도 꺼린 사람인데, 한번은 그가 이런 말을 했다. "나는 신에게 투덜대지 않으며 인간에게 불평하지 않는다. 나는 여기 아래서 공부하지만 저 위로 뚫고 들어간다. 나를 알아주는 것은 오직 신뿐이다." 종교적 언어는 구체적인 상황과 결부된다.

한 사람이 구체적인 상황을 그에게 '주어진 것'으로 받아들인다는 것은, 그가 그때그때 자신에게 일어나는 것을 순수하게 사실 그대로 '신께서 주신 것'으로 여겨서 고스란

- 『논어』 헌문(憲問)편 37절: 不怨天, 不尤人. 下學而上達. 知我者其天乎. 부버의 독일어 인용문은 리하르트 빌헬름(Richard Wilhelm)의 번역이다. 빌헬름은 '하늘'(天)을 Gott(神, 하나님)로 옮긴다.

히 수용한다는 뜻이 결코 아니다. 오히려 그는 그렇게 일어난 일에 대해 극도의 적개심을 표하고 그 "주어져 있음"과 맞서기 위해 자신의 저항력을 끌어올릴 수도 있다. 그러나 그는 이 구체적인 상황의 이런 상태, 이런 변화를 어떻게든 모면하려고 하는 것이 아니라, 그 상황이 치열한 싸움의 모습을 취한다고 하더라도 그 상황 속으로 돌진한다. 그것이 노동의 현장이든 전투의 현장이든, 그가 서 있는 현장을 받아들인다. 그는 정신Geist이 그 현장 위로 둥둥 떠다니는 것 따위에는 전혀 관심이 없다. 상황과 얽혀 있지 않은 정신이란 그것이 제아무리 고상한 것이라 할지라도 허상에 불과하다. 그에게는 오직 상황과 얽혀 있는 정신만이 가치 있는 것이며, 그것이야말로 '프뉴마'[그리스어로 '영' 혹은 '정신', 신약성서에서는 '성령']와 얽혀 있는 것이다.

내가 여기서 제시한 종교의 규정에 대해 이의를 제기하면서, 몇몇 종교에서 엿볼 수 있는 금욕주의 경향을 근거로 드는 사람도 있을 것이다. 그러나 금욕주의 경향도 (거기서 종교적인 것 자체가 약화된 경우가 아니라면) 삶으로 경험되는 구체성을 외면하지 않는다. 다만 여기서는 삶을 구성하는 방식, 그리고 긍정되어 마땅한 삶의 요소를 추려 낸 것이 달라졌을 뿐이다. 위에서 말한 그 '순간'과의 관계는 결코 느슨해지지 않았다. 오히려 더욱 강화하려고 한다. 금욕적이지 않은 요소, 곧 풍성한 삶을 통해서는 종교적 성취에 이르지 못했기 때문에, 다시 말해 거기서는 궁극적 의미가 활짝 열려서 다다를 수 있는 것으로 여겨지지 않았기 때문에, 사람들은 금욕/고행의 길을 통해 그 순간과의 관계를 지켜 내려고 한다.

금욕주의의 '고양'Erhebung, 떠오름은 철학적인 고양과는 완전히 다른 것이다. 금욕주의적 고양도 구체화의 한 형태다. 다만 '지워 없앰'을 통해 그것을 이루려 할 뿐이다.

# 07

철학함의 시작은 그와 반대다. 철학은 언제나 한 사람이 자신의 구체적인 상황으로부터 결정적으로 눈을 떼는 것 absehen에서 시작된다. 다시 말해 근본적인 추상Abstraktion 행위로부터 시작된다.·

여기서 말하는 '추상'抽象은 그저 인간학적인 행위 사실을 가리킨다. 헤겔이 철학자들에게 '급진적 추상'radikale Abstraktion으로 시작해야 한다고 말할 때의 그 추상이 아니다. 헤겔은 이 세상의 창조를 '무로부터의 추상'이라고 말한다. 우리가 보기에 이것은 오히려 구체적 실재가 시작됨을 의미한다. 그런데 철학하는 사람은 바로 이 구체적 실재로부터 결정적으로 눈을 떼고 또 그래야만 한다. 다른 한편,

· 독일어 Abstraktion은 라틴어 abstractus에서 나온 말로 '떼어 내다'라는 뜻의 라틴어 abstrahere의 과거 수동태 분사형이다. 부버는 '~으로부터 눈을 떼다/돌리다'(=무시하다)라는 뜻의 동사 'Absehen'을 '추상'과 나란히 놓고 사용함으로써, 철학적 추상이 구체적인 상황에서 '떨어져 나온 것', 거기서 '눈을 떼고' 다른 것을 보는 것임을 지속적으로 암시한다.

헤겔은 '최고의 존재'를 '순수한 추상'이라고 표현한 바 있다. 그러나 종교적 인간은 그가 유한한 인생을 사는 동안, 하나님은 구체적 상황을 주시고 인간은 그 상황을 받아들임으로써 하나님을 만날 수 있다고 확신한다. 우리가 생각하는 근본적인 추상은 그저 인간의 내적 움직임, 곧 구체적인 상황을 넘어 엄격한 개념의 영역으로 떠오르는 움직임을 의미한다. 여기서 개념은 어떤 실재를 파악하기 위한 도구가 아니다. 개념은 여러 가지 제한성에서 벗어난 존재를 사유의 대상으로 묘사한다.

이렇게 눈을 떼는 것, 등을 돌리는 것의 단호함이 교묘하게 가려질 때도 있다. 그것은 철학자가 마치 자신의 구체적 상황 속에서 철학하기를 원하는 것처럼, 그럴 수 있는 것처럼 행동할 때다. 우리가 볼 때 가장 확실한 사례가 바로 데카르트의 경우다. 그가 1인칭으로 말하는 것을 들으면, 직접적인 자기 경험의 목소리를 듣는 것 같은 느낌이 든다. 그런데 사실은 그렇지 않다. 데카르트의 ego cogito('나는 생각한다')에서 '나'는 영과 육이 있는, 살아 있는 인격체Person가 아니다. 데카르트는 인격체인 사람의 육체성을 의심스러운 것으로 여기고 제일 먼저 거기서 눈을 뗀다. 그가 말하는 '나'는 의식의 주체이며, 의식은 유일하게 완전히 우리의 본성에 속한 기능이다. 삶으로 경험된 구체성에서는 의식이 제1바이올린 주자일 수는 있지만 지휘

자는 될 수 없으며, 이런 에고는 존재하지도 않는다. 데카르트에게서 ego cogito는 단순히 '나는 의식을 가지고 있다'는 뜻이 아니라 '의식을 가진 것은 바로 나다'라는 뜻이다. 그러므로 이 말은 세 번에 걸쳐 추상하는 성찰의 결과물이다.

성찰<sup>Reflexion</sup>이란 자기 자신을 향해 "뒤집혀 구부러짐"인데,˙ 가장 먼저 이 성찰은 구체적인 상황에서 경험한 것으로부터 '의식'<sup>cogitatio</sup>을 끄집어낸다. 그런데 이것은 그 자체로는 결코 경험될 수 없는 것이다. 그래서 성찰은 그다음 단계에서 하나의 의식에 하나의 주체가 속한다는 것을 확인한다. 그리고 이것을 '나'라는 단어로 표현한다. 그리고 마지막으로는 영과 육을 지닌 살아 있는 인격체를 그 '나'와 동일시한다. 여기서 '나'는 추상된 주체, 곧 추상을 통해 만들어진 의식의 주체. 이것은 구체적인 상황의 '저것'<sup>Das</sup>으로서 느끼는 것과 느껴진 것, 상상하는 것과 상상된 것, 생각하는 것과 생각된 것을 포괄하며, 이 '저것'으로부터 일단 "나는 그것을 생각한다"가 나온다. 어떤 주체가 이 객체를 생각한다는 뜻이다. 원래 '저것'은 없어서는 안 되지만, 다음 단계에서는 '저것'(혹은 '어떤 것'<sup>Etwas</sup> 혹은 '그것'<sup>Es</sup>)이 생략

- 독일어 Relexion과 영어 reflection은 라틴어 reflectere에서 왔는데, 이것은 '다시' 혹은 '거꾸로'라는 뜻의 접미어 re-와 '구부리다'라는 뜻의 -flectere에서 왔다.

된다. 그러면 남는 것은 그 인격체가 자기 자신에 대해 한 말뿐이다. 무슨 말인가? '그러므로 나는 (여기서부터는 주체가 아니라 살아 있는 인격체가 우리에게 말한다) 실제로 존재한다."* 그 '나'가 실제로 존재하는 것이어야 하기 때문이다.

데카르트는 이렇게 추상의 길을 통해 출발점의 구체성, 곧 인식의 구체성을 얻으려 하지만 아무 소용이 없다. 살아 있는 인격체의 '나'는 그런 식의 유추로 경험할 수 있는 것이 아니다. '나'는 오직 '너'와의 진정한 관계 속에서 실제적으로 경험될 수 있다. 모든 철학함은 구체성에서 출발하는데, 철학적 추상의 길을 통해서는 그 구체성으로 되돌아갈 수 없다. 구체성은 폐기되고 만다.

그러나 이렇게 필연적으로 '눈을 떼는 것'으로 얻게 되는 최고의 보상은 '우러러봄', 곧 '여기를 봄'이 아니라 참된 바라봄의 대상인 '이데아'를 우러러봄이라고 선언하고 약속하는 것이야말로 철학의 고귀한 권리다. 이런 구상은 일찍이 인도에서 맹아의 형태로 나타난다. 깨달은 자는 경험의 세계에서 풀려난다는 사상이 그것이다. 그런데 이런 사상을 본격적으로 펼쳐 나간 것은 그리스 사람들이다. 그들은 인간의 모든 감각 중 시각의 우위를 견고히 다졌다. 시

* 데카르트의 유명한 명제 "나는 생각한다. 그러므로 존재한다"에서 "그러므로 존재한다" 부분을 설명하고 있다.

각의 세계는 가장 중요한 세계가 되었고 다른 감각을 통해 얻은 데이터는 모두 시각의 세계로 흡수되었다. 그리스 사람들은 철학함에도 (인도 사람들에게 철학함이란 아직도 자기 자신을 파악하려는 시도였는데) 시각적인 성격을 부여했으니, 특별한 객체에 대한 관찰의 성격이다. 그리스 철학의 역사는 사유(생각)의 시각화의 역사다. 그것을 플라톤은 결정적으로 규명했고 플로티노스는 완성했다. 사유 조망$^{Denk\text{-}Schau, 생각-바라봄}$의 객체는 보편적인 것, 곧 존재하는 것 혹은 저 너머에 존재하는 것이다. 인간은 보편적인 것 안에서 절대적인 것을 본다. 철학은 이 전제 위에 서 있다.

이와는 반대로 종교는 (만일 종교를 철학적으로 규정해야 한다면) 절대적인 것이 특별한 것, 구체적인 것과 맺은 동맹[계약$^{Bund}$]이라고 말해야 한다. 그래서 그리스도교 철학의 주요 과정, 곧 스콜라 철학의 보편 논쟁은 보편적인 것의 현실성 혹은 비현실성을 다루었는데, 근본적으로는 종교와 철학 사이에서 벌어진 철학적인 결투였다. 그리고 이것이 스콜라 철학의 지속적인 의미다.

그러나 종교적인 것처럼 들리는 문구, 예컨대 "우리는 하나님 안에서 사물을 본다"고 했던 말브랑슈$^{Nicolas\ Malebranche,\ 1638\text{-}1715}$의 말에서 목소리를 내는 것은 오히려 철학적인 추상이다. 왜냐하면 여기서 '사물'은 구체적인 상황의 사물이 아니라 플라톤의 이데아만큼이나 보편적인 것이기 때문이다.les idées intelligibles 그러나 종교적 인간이 (혹은 철학적 이론가가 아닌 종교적 인간이었던 말브랑슈가) 똑같은 문장을 말한다면, 그는 그 말을 변화시킨다. 왜냐하면 그에게 '사물'이란 어떤 근원적인 형상이나 '완전성'이 아니라, 몸을 입고 살아가는 인격체인 그가 자기의 삶을 살아가면서 마주하는 실제적인 표본, 존재, 대상을 의미하기 때문이다. 만일 그가 감히 하나님 안에서 사물을 본다고 말한다면, 그것은 우러러봄에 대한 말이 아니라 이쪽을 봄에 대한 말이다. 다시 말해 그는 존재의 의미가 삶의 구체성 속에서 드러나며, 바로 거기서 그 의미에 도달할 수 있다고 고백하는 것이다.

플라톤은 구체적인 상황의 무한한 신비에 대해 인간적이고 문학적인 기록을 남기면서 그와 동시에 멋지게 침묵할 줄도 알았다. 그러나 그는 저 영원한 서간집에서 자신의 침묵의 이유를 밝히고 그 침묵을 설명하고자 했다. 그래서 "갑자기 튀어 오르는 불꽃에 의해 순간적으로 어떤 불빛이 점화되는" 곳, 곧 "함께 살아감"의 구체성에서 출발하기는 했지만 결국 설명에만 집중하게 되었다. 그 설명이란 인식된 것, 곧 보편적인 것의 인식에 관한 진술이다.

구체적인 상황 속에 서서 그 상황을 증언하는 인간은 절대적인 것과 구체적인 것 사이를 잇는 동맹[계약]의 무지개 아래 있다. 그런데 그가 철학함을 통해서 절대적인 것의 하얀빛을 인식의 대상으로 삼아 관찰하게 되면, 그때 그에게 나타나는 것은 언제나 근원적 형상 혹은 이데아, 보편적인 것의 다른 형태들뿐이다. 색깔이 없는, 색깔을 초월한 다리는 나타나지 않는다. 내가 보기에, 플라톤이 『국가』에서는 선의 이데아를 신과 동일시하다가, 『티마이오스』에서는 그 이데아를 관조하는 데미우르고스를 구상하는 단계로 넘어간 이유도 여기서 찾을 수 있다.

## 08

종교는 철학이 자기 확신에 가득 차서 의기양양한 모습을 마주할 때조차 그 철학이 엄청난 '의무를 지고 있음'[제약]을 간과해서는 안 된다. 철학은 마주함 속에 있는 근원적 연결성을 포기해야 한다. '나'와 '너' 사이에서 움직이는 실재를 포기해야 한다. 순간의 순간성을 포기해야 한다. 그때그때, 계속해서 이런 것을 포기해야 함이 그 '의무를 지고 있음'에 필연적으로 포함된다. 종교는 인식의 위기를 아는 것과 마찬가지로 인식의 의무도 알아야 한다. 역사의 길은 바로 이 위기와 의무를 지나서 간다는 사실을 알아야 한다. 성서의 언어로 말하면, 인식 나무의 열매(선악과)를 먹는 것은 낙원에서 쫓겨나는 길이기도 하지만 세상으로 들어가는 길이기도 하다.

세상, 곧 자연적인 것이든 정신적인 것이든 모든 존재하는 것의 객관적이고 자기 완결적인 맥락으로서의 세상은, 철학함 속에서 펼쳐지는 우리의 사유가 이 세상의 구체적인 것들을 (이것은 사실 우리에게 베풀어졌는데) 다 녹여, 인간이 경험할 수 있는 모든 것과 융합시키지 않는 한 우리에게는 존재하지 않는다. 객관적 맥락으로서의 정신은, 인간의 생각이 그 정신을 객관화하지 않는다면, 또한 생각 자체도 스스로를 철학으로 규정하면서 객관화하고 그 정신과 결합하지 않는다면, 우리가 볼 때는 존재하지 않는 것이다. 철학은 구체성의 연결 고리를 철저하게 포기한다. 오직 그럴 때라야 객관적 사유의 연속성이 어마어마하게 생성될 수 있다. 그와 동시에 수많은 개념으로 이루어진 정적인 시스템과 수많은 문제로 이루어진 동적인 시스템이 생겨날 수 있다. '생각'할 수 있는 모든 인간은 바로 이 능력을 사용함으로써, 생각의 대상을 생각하고 이해함으로써 그 연속성 속으로 들어갈 수 있다. 여기서 '객관적인' 소통이 생겨난다.

종교적 소통Verständigung은 두 사람이 인격적으로 삶에 뛰어듦으로써 서로를 알아 갈 때 일어나지만, 객관적 소통은 두 사람이 삶에 뛰어들 것을 요구하지 않는 하나의 사유기능을 수행하며 양쪽의 개념과 문제 사이에서 일어나는 긴장을 창조적 변증 속에서 끌고 나갈 때 생겨난다.

어떤 존재의 상태에 대한 종교적 내용 전달Mitteilung은 언제나 역설 속에서 일어난다. 이 설명은 증명 가능한 주장의 형태가 아니라, (그것을 증명할 수 있는 것처럼 말하는 신학은 오히려 철학의 한 유형, 그것도 미심쩍은 유형이다) 듣는 사람의 은폐된 존재 영역에 대한 지시 형태로 이루어진다. 여기서 예술적 내용 전달을 언급하지 않고 지나갈 수는 없다. 예술적 내용 전달은 형체$^{Gestalt}$ 안에서 이루어진다. 그러나 그 형체 안에서 전달된 내용이 거기서 빠져나와 독립적인 모습으로 우리 눈앞에 나타난 존재가 될 수는 없다. 하나의 존재 상태는 오로지 철학 안에서만, 철학의 도움을 받아서만, 그러므로 상황을 객관화하는 작업을 통해서만 객관적으로 전달되고 전수될 수 있다.

철학이 진리에 가까이 다가서고 그 진리를 보존하는 능력에 대해 회의적 평가를 내려서는 안 된다. 물론 여기서 우리가 가능하다고 여기는 사유의 진리는 인식을 통해 존재를 소유하는 것이 아니라, 인식을 통해 존재와 실질적인 관계를 맺는 것이다. 사유의 체계는 존재에 대한 진정한 (오직 눈을 뗌을 통해서 가능해진) 사유 관계의 표명이다. 이것은 단순히 어떤 '측면'이 아니라 인식을 통해 뭔가를 발견하는 여정에 대한 유효한 기록이다.

종교와 철학이 사람의 인격에 미치는 영향과 관련해서 어떤 유사점과 차이가 있는지를 추가로 언급하려고 한다.

종교적 현실 속에서 한 인격체는 어떤 총체성$^{Ganzheit}$이 된다. 오로지 그 총체성 안에서만 종교적으로 살아갈 수 있다. 그리고 이 총체성에는 자연스럽게 생각[사유]도 포함된다. 여기서 생각은 자기 법칙에 충실한, 그러나 자기 법칙을 절대화하지는 않는 영역이다. 진정한 철학자에게서도 종합Totalisierung이 나타나지만, 합병Zusammenschluß은 결코 일어나지 않는다. 생각은 한 인격체의 모든 영역과 능력 위에 드리워져 그 모든 것을 압도한 나머지, 철학함의 위대한 행위 속에서는 손가락도 생각을 한다. 그러나 그 손가락은 만지지는 못하는 손가락이다.

## 09

존재하는 것은 인간에게 상대Gegenüber이든지 대상Gegenstand 이든지 둘 중 하나다. 인간의 본질은 존재하는 것과 마주하는 방식의 갈라짐분열, Zwiespalt(만남Begegnung과 관찰Betrachtung) 속에서 형성된다. 이것은 두 개의 외적인 형태가 아니라, 존재하는 것과 더불어 살아가는 현존재의 두 가지 존재 양태다.

엄마를 부르는 아이, 엄마를 바라보는 아이가 있다. 더 자세히 들여다보자. 아이는 엄마를 보면서 말없이, 그저 '그녀의 눈을 들여다봄'으로써 엄마에게 말을 건넨다. 그런데 바로 그 아이가 엄마에게 있는 뭔가를 어떤 다른 물건처럼 바라본다. 두 경우는 인간이 서 있는 갈라짐의 상황Zwiefalt이 무엇인지를 드러낸다. 인간 존재는 그 갈라짐 속에서 지속된다. 때로는 죽음을 눈앞에 둔 사람에게 이것이 나타날 때도 있다. 여기서 인간 현존재의 이중 구조가 분명하게 드러난다. 우리의 현존재가 존재하는 것을 대하는 두 가지 근본 양태는 결국 우리 현존재의 두 가지 근본 양태다. 하나는 '나-너'이고 다른 하나는 '나-그것'이다.

'나-너'가 가장 진하고 빛나는 모습으로 나타난 것이 종교적 실재다. 아무런 제약 없이 존재하는 것이 여기서는 절대적인 인격체가 되어 나의 파트너가 된다. '나-그것'이 가장 진하고 빛나는 모습으로 나타난 것이 철학적 인식이다. 여기에는 삶 속에서 체험되는 나와 그것의 공존이 있고, 그 공존 속의 '나'로부터 주체가 도출된다. 그와 동시에 '그것'은 주체와 완전히 분리된 객체가 된다. 이로써 이미 사유의 대상이 된 존재자에 대한, 그리고 이미 사유의 대상이 된 존재에 대한 엄격한 사유를 촉진한다.

프란츠 로젠츠바이크Franz Rosenzweig가 말한 것처럼, 하나님의 진리는 "양손으로" (철학의 손과 신학의 손으로) "간절히 애원해야" 한다. 그는 계속해서 이렇게 말한다. "그 진리를 구하되 이중의 기도, 곧 신자의 기도와 불신자의 기도로 간구하는 사람에게는 진리가 거절되지 않으리라." 하지만 불신자의 기도는 도대체 무엇인가? 비판적인 '무신론'이야말로 (그리스 사람들은 과거로부터 전해 내려오는 신들의 존재를 부정하는 사람들을 '무신론자들'Atheoi이라고 불렀다) 3인칭으로 드리는 기도, 이데아에 대한 말의 형태로 드리는 기도, 번번이 알 수 없는 것이 되는 신에 대해 철학자가 드리는 기도다. 이런 기도야말로 종교적 인간을 다시 일어서게 하고, 신에 대한 믿음이 사라져 버린 현실 한복판을 통과하여 새로운 만남에 이르도록 하는 데 적합한 기도다. 종교적 인간은 바로 이 길을 통해, 더 이상 하나님을 제대로 대변해 내지 못하는 기존의 이미지들을 무너뜨린다. 철학자를 움직이는 영이 그들을 움직인다.

# 신을 향한 사랑, 그리고 신에 대한 관념

# 01

1654년, 파스칼<sup>Blaise Pascal, 1623-1662</sup>이 두 시간 동안 황홀한 신비 체험을 한 뒤 서둘러 기록으로 남긴 글은 영혼의 절규처럼 들려온다. 그는 이 글을 자신의 외투 안감에 실로 꿰매 고정하고 죽을 때까지 간직했다. "불"이라는 제목 아래 이런 말이 나온다. "철학자들과 학자들의 하나님이 아니라 아브라함의 하나님, 이삭의 하나님, 야곱의 하나님." 바로 이것이 그에게 일어난 회심의 실체다. 그는 하나님이 없는 존재에서 하나님이 있는 존재로 변한 것이 아니다. 그의 변화는 철학자들의 하나님에서 아브라함의 하나님으로의 변화다. 강력한 신앙에 사로잡힌 파스칼은 철학자들의 하나님을 거들떠보지도 않는다. 그들의 하나님은 하나의 사상적 체계 안에서 한자리 차지하고 있는 신에 불과하다. 아브라함의 하나님, 아브라함이 믿는 하나님, 아브라함이 사랑한 하나님은 (파스칼은 "유대인의 총체적인 종교는 오로지 하나님의 사랑 안에서 지속되었다"라고 말한다.) 하나의 사상적 체계 안에 집어넣을 수 있는 존재가 아니다. 그는 하나님이기 때문이다. 그는 모든 것을 초월하며 그것이 그의 본질이다.

철학자들이 하나님이라고 부르는 것은 필연적으로 하나의 관념이다. 그러나 하나님, 곧 "아브라함의 하나님"은 관념이 아니다. 그분 안에서는 모든 관념이 해체된다. 그런데 만일 내가 모든 관념을 해체하는 어떤 존재를 철학적으로, 다시 말해 하나의 관념으로 생각한다면, 그때 내가 염두에 두고 있는 존재는 아브라함의 하나님이 아니다. 파스칼이 넌지시 암시한 것처럼, 철학자들의 '특별한 욕망' Konkupiszenz은 교만이다. 그들은 사람들에게 하나님 대신 자신들이 만든 체계를 제시한다. "어떻게? 그들은 하나님을 알았지만, 사람들이 그분을 사랑하는 것만 갈망하지 않고, 오히려 사람들이 자기가 있는 곳에 머물러 있기를 원했던 것이다!" 그들은 하나님의 자리에 이미지들의 이미지, 곧 관념을 세워 놓는다. 그래서 관념은 하나님과 동떨어진 것이 된다. 우리를 하나님에게서 가장 멀리 떨어뜨려 놓는 것은 바로 그들이다.

다른 길은 없다. 인간은 선택해야 한다. 파스칼은 선택했다. 그가 병상에서 간절히 기도했던 것, 그리고 아마 얼마 후에 그 기도가 이루어진 시간, 모든 것을 뒤집어 놓은 시간의 선택이었다. 죽음의 순간과 같았던 병상에서 그가 드린 기도는 "이 세상으로부터 분리되고, 모든 사물로부터 벗어나서, 오로지 당신의 임재 안에서, 내 심장의 모든 움직임으로 당신의 정의Gerechtigkeit에 응답하는 것"이었다.

물론 파스칼은 철학자가 아니라 수학자였다. 철학자들의 하나님에게서 돌아서는 일은 철학자보다는 수학자에게 비교할 수 없이 쉬운 일이다. 철학자가 진정으로 변화되려면 하나님을 어떤 개념적인 형태로 만들고 자신의 체계 속에 끼워 넣는 일을 포기해야 한다. 그 철학자는 하나님을 여러 대상 가운데 하나로 여겨서는 안 된다. 최고의 대상으로 여긴다고 해도 마찬가지다. 그 대신 자신의 철학 전체, 모든 부분이 그분을 향하도록 해야 한다. 단순히 그분을 연구하기만 해서는 안 된다. 절대자가 살아 있는 곳, 거기서 절대자에 대한 그의 관념은 폐지된다. 사람들이 절대자를 **사랑하는** 곳, 거기서 관념은 폐지된다. 거기서 절대자는 철학적 연구의 대상인 '절대자'가 아니기 때문이다. 그 철학자는 이것을 깨닫고 고백해야 한다.

## 02

너무나 중요한 시대를 살아가는 한 철학자가 얼마나 끝없는 싸움을 견뎌 내야 하는지, 또한 그 싸움은 얼마나 절망적인 것인지 알고 싶다면, 칸트가 그의 생애 마지막 7년 동안 써 내려간, 그러나 결국 미완으로 남은 그의 유작을 읽어 보기를 바란다.[2*] 이 작품은 그 무엇과도 비교할 수 없는 실존적 비극의 한 장면으로 우리 앞에 당도해 있다. 칸트는 초월철학의 완성으로 이끄는 원리를 '초월적 신학'의 원리라고 부른다.[‡] 그리고 그 원리는 "신이란 무엇인가?" 또 "신은 있는가?"라는 질문에 담겨 있다고 본다. 이 질문에 대답

---

* 우리말 번역으로는 임마누엘 칸트, 『유작 I. 1』, 『유작 I. 2』, 『유작 II』, 백종현 옮김(아카넷, 2022)이 있다.
‡ 칸트 철학에 나오는 독일어 '트란스첸덴탈'(transzendental)을 '초월(적)'이라고 직역할 것인지 '선험적'이라고 의역할 것인지를 놓고 한국 학자들 사이에 진지한 논쟁이 있다. 이 책에서는 그 단어의 좀 더 일반적인 번역인 '초월(적)'을 선택한다. 다만 그 뜻은 일반적인 의미가 아니라 칸트 철학 특유의 의미, 곧 '경험의 가능 조건에 관한'이라는 의미다.

하지 못하는 한 자기 철학의 '결정적인 과제'die Aufgabe는 해결되지 않는다고 말한다. 모든 정신적인 능력이 마비되는 생의 말년에 도달했는데 그 과제는 "여전히 풀리지 않았다." 그는 계속해서 새로이 힘을 끌어모아 이 문제를 해결하려고 노력한다. 번번이 결정적인 대답die Antwort을 직조해 내고 번번이 그 직조된 것을 다시 풀어 버린다. 그러던 그가 극단적인 언급을 한다. "그를[신을] 생각하는 것과 믿는 것은 동일한 행위"다. "신에 대한 생각은 곧 신과 그의 인격성에 대한 믿음이다." 그러나 이런 믿음은, 철학자들의 철학에서 하나님이 실재가 되는 데까지는 이르지 못한다. "신은 내 밖에 있는 하나의 존재가 아니라 내 안에 있는 하나의 생각일 뿐이다." 다른 곳에서는 "내 안에 있는 하나의 도덕적인 관계일 뿐"이라고 말한다.

그럼에도 칸트는 '현실성'Realität이라는 표현을 덧붙인다. "신은 그저 이성의 관념에 불과하지만, 내적으로나 외적으로나 가장 큰 실천적 현실성을 가지고 있다." 그러나 이런 종류의 현실성은 신에 대한 생각과 "신과 그의 인격성에 대한 믿음"을 동일시하는 데는 적합하지 않은 것 같다. 또한 신이 존재하는지 밝혀내는 것을 과제로 삼은 초월철학도 결국 다음과 같이 선언할 수밖에 없었다. "신이 존재하느냐고 묻는 것은 부적절하다."

이 모순은 칸트가 믿음 자체를 다루는 부분에서 더욱

심화된다. 그는 '신을 믿는 것'einen Gott glauben과 '신을 신뢰하는 것'an einen Gott glauben의 근본적 차이를 개략적으로 설명한다. '신을 믿는 것'은 아무래도 신을 믿음의 관념적 대상으로 삼는 것이리라. 이것은 칸트에게 '신을 신뢰하는 것'이 (그 스스로도 분명하게 말하는 것처럼) 살아 있는 신을 신뢰하는 것과 거의 같은 의미라는 사실에서 충분히 유추할 수 있다. 그러므로 신을 신뢰한다는 것은 그 신과 인격적인 관계를 맺는다는 의미가 된다. 사람은 살아 있는 어떤 존재하고만 그런 관계를 맺을 수 있다. 이것은 칸트 스스로가 덧붙인 말을 통해 더욱 분명해지는 것처럼 "그저 우상일 뿐, 인격이 아닌 어떤 존재"를 신뢰하는 것이 아니다. 살아 있는 인격이 아닌 신은 우상이다. 여기서 칸트는 믿음의 실재에 아주 가까이 다가선다. 그러나 그것을 완전히 승인하지는 않는다. 스스로 만든 체계 때문에 자신이 말한 것을 결정적으로 제한할 수밖에 없는 것이다. 같은 페이지에 이런 말이 나온다. "살아 있는 신으로서 신에 대한 관념은 인간이 필연적으로 마주하는 운명에 불과하다." 그러나 그것이 운명에 '불과'한 것이라면 제대로 '신을 신뢰하는 것', 다시 말해 신과 인격적인 관계를 맺는 것은 결코 가능하지 않다.

철학자 칸트는 말한다. 인간은 신을 생각하는 것과 마찬가지로 신을 믿어야 한다. 그러나 이 철학자는 이 믿음에서 진리의 특성을 제거하고 이로써 실재(단순히 심리적 실재

이상의 실재)의 특성을 제거하지 않을 수 없다.

파스칼에게는 (아브라함에게 그랬던 것처럼) 결정적이었던 것, 곧 신을 향한 사랑이 여기서는 필연적으로 결여되어 있다.

# 03

그러나 믿음에 강력하게 사로잡힌 철학자는 사랑에 대해 말해야 한다.

칸트의 위대한 제자 중 마지막 제자 헤르만 코엔Hermann Cohen, 1842-1918은 믿음에 강력하게 사로잡힌 철학자의 대표적인 사례다. 코엔의 사상에서 신에 대한 믿음은 그가 청소년일 때부터 중요한 주제였다. 물론 그때 생각하던 믿음은 심리학적인 것이었다. 그의 이런 관심을 잘 보여주는 것이, 슈타인탈Heymann Steinthal, 1823-1899이 편집자로 있던 『민속 심리학 잡지Zeitschrift für Völkerpsychologie』에 발표한 논문 「신과 영혼에 대한 신화적 표상」(1868)이다. 여기서 코엔은 '신들에 관한 신화의 발생에 대한 질문', '신들을 만들어 내는 판타지'의 '문학적 행위'를 자세히 다룬다. 여기서 믿음은 심리학적인 것으로 상대화된다. 믿음은 지식과 분리된 독립된 개념으로서 철학적 체계의 발전과 함께 의혹의 대상으로 전락할 수밖에 없다.

그는 『순수 의지의 윤리』(1904)에서 이렇게 말한다. "만일 이 믿음이 지식으로부터의 분리를 의미한다면, 신은 믿음의 내용이 되어서는 안 된다." 칸트는 자신의 유작 opus postumum에서 두 종류의 믿음을 구분했다. '신을 믿는 것'은 신의 관념을 지식의 체계 안으로 받아들이는 것이고 '살아 있는 신을 신뢰하는 것'은 신을 살아 있는 존재로 여기고 그와 삶으로 관계를 맺는 것을 의미한다. 코엔은 칸트보다 훨씬 강력하게 두 번째 종류의 믿음을 거부한다. 그는 이렇게 해야 믿음이라는 말의 '심각한 모호성'을 극복할 수 있다고 여긴다. 칸트는 신에 대한 관념을 인간의 '운명'일 뿐이라면서 받아들이지만, 코엔은 마이모니데스 Maimonides, 1135-1204를 인용하며 (물론 3년 뒤에는 그 인용을 조금 수정한다. 마이모니데스는 신과 더불어 사는 삶이라는 개념, 그리고 인간과 더불어 사는 삶이라는 개념을 조심스럽게 구분했는데, 사실 그 두 가지는 완전히 다른 것이라고 짚으면서) "삶의 개념을 신의 개념과 완전히 분리"하려고 한다.

칸트에게 그랬던 것처럼, 코엔에게도 신은 하나의 관념이다. 코엔은 이렇게 말한다. "우리는 신을 하나의 관념이라고 부른다. 모든 관념의 중심, 진리의 관념이다." 신은 인격이 아니다. 인격으로 나타나는 신은 오직 '신화의 세력권' 안에 있는 신이다. 또한 신은 실존이 아니다. 자연적 실존도 아니고 정신적 실존도 아니다. "관념은 현존재의 개념과 연결될 수 없다." 신의 개념은 윤리학의 학문 체계 안으로 수용되는데, 이는 그것이 진리의 관념으로서 자연과 도덕성의 일치를 촉진하기 때문이다. 코엔은 신에 대한 이런 견해야말로 '진정한 종교성'이라고 간주한다. 그리고 이것은 살아 있는 신에 대한 모든 믿음의 관계에 있는 문제를 통찰하고, 그것을 없애 버릴 때 비로소 가능해진다고 말한다. 신은 사상의 체계 내부가 아닌 다른 곳에는 존재할 수 없다. 이 체계는 놀라운 힘으로 살아 있는 신을 배격한다. 살아 있는 신의 완전성, 곧 그의 절대적 권한은 인정되지 않는다. 사상가 코엔은, 태고의 유산으로부터 솟구쳐 올라 그를 압도하려는 믿음을 거부한다. 체계를 창조해 내는 성취를 내세우며 성공적으로 거부한다. 코엔은 철학자들의 하나님에게 다시 한번 집을 지어 주었다.

그런 그가 그 시대의 다른 어떤 철학자보다 강력하게 믿음에 사로잡힌다. 물론 그렇다고 해서 신을 하나의 체계에 집어넣으려는 학문적 노력이 약해진 것은 아니다. 오히려 그의 그런 노력은 바로 그때부터 자신의 체험과 경이로운 씨름을 벌이기 시작한다.

코엔은 자신이 믿음에 압도당한 경험을 철학적으로 객관화하고 그 경험을 자신의 개념 체계 속으로 녹여 넣는다. 그는 자신의 저서에서 그 경험을 직접적으로 고백하지는 않는다. 그러나 변화의 흔적은 분명하다.

이 결정적인 변화는 언제 일어난 것일까?

# 04

신을 향한 **사랑**에 대한 코엔의 사유에 닥쳐온 변화에 주목할 때 그 물음에 대한 답도 알게 된다.

코엔은 사상적 체계를 발전시키는 것과 나란히 유대교의 유산을 연구하는 일련의 논문을 썼다. 거기서 그는 유대교의 모서리 기둥이라고 할 수 있는 것, 곧 하나님 사랑의 계명에 주목하며, 늦은 감이 있긴 하지만 그에 합당한 지위를 인정한다. 유대교는 바로 그 계명 덕분에 종교적으로 유일무이한 가치를 획득한다. 『순수 의지의 윤리』가 나오고 3년이 지난 후, 코엔은 「종교와 도덕성<sup>Religion und Sittlichkeit</sup>」이라는 제목으로 중요한 논문을 발표한다. 이 논문은 전반적으로 『순수 의지의 윤리』에서 이미 제기했던 주장을 더욱 첨예하게 끌고 나가면서, "이른바 신의 인격에 대한 관심, 이른바 살아 있는 신에 대한 관심"을 금기시한다. 또 이스라엘의 예언자들은 인간과 하나님의 직접적인 관계를 오히려 배격했다는 식으로 주장한다. 그런데 바로 그 논문에서 신을 향한 사랑<sup>Gottesliebe, 하나님 사랑</sup>에 관한 언급이 나오는데,

그 어조가 사뭇 달라진 것을 느낄 수 있다. 이 논문에서 그는 이렇게 말한다. "신에 대한 인식이 점점 깊어지고 그와 동시에 신을 향한 사랑도 점점 크게 느껴지면, 믿음의 투쟁도 그만큼 열정적인 것이 된다. 신을 인식하고 사랑하기 위한 투쟁 말이다." 여기서 코엔이 믿음의 성격들 가운데 드디어 살아 있음의 성격 Lebendigkeitscharakter 에 접근하고 있음이 확연하게 드러난다. 하지만 코엔이 말하는 신에 대한 사랑은 여전히 추상적이고 불투명한 것으로 남아 있다.

또 3년이 지난 후 발표한 소논문 「종교를 향한 사랑」은 다소 기이한 문장으로 시작된다. "신을 향한 사랑은 곧 종교를 향한 사랑이다." 그리고 그에 못지않게 기이한 문장으로 첫 문단이 마무리된다. "그러므로 신을 향한 사랑은 곧 도덕성의 인식이다." 여기서 우리는 두 문장에 똑같이 등장하는 "곧…이다"라는 표현에 주목할 필요가 있다. 그러면 지금 코엔이 뭔가 분류되지 않는 것, 그러나 뭔가 가장 중요한 것으로 우리에게 밀려오는 것을 분류해 버리려고 한다는 사실을 명확히 알 수 있다. 이미 포착된 것, 정리가 끝나 버린 것과 동일시하고 있는 것이다. 물론 이런 동일시는 성공할 수 없다. 이 점을 분명하게 확인하기 위해서는, 앞에서 코엔이 언급한 문장과 성서에서 하나님을 향한 사랑을 명령하거나 찬양하는 구절, 혹은 그 개념의 근거가 되는 구절을 비교해 보기만 하면 된다. 그런 구절에서 명령하고 찬양하는 내용은 종교에 대한 사랑이나 도덕성의 인식과는 (비록 그 둘을 포함하고 있지만) 본질적으로 다른 어떤 것이다.

코엔은 1913-1914년 베를린 강연을 기초로 『철학의 체계 안에서 종교의 개념』(1915)이라는 책을 펴낸다. 여기서 그는 앞에서 견지했던 "곧…이다"를 완전히 뒤집어엎는 사랑을 말하기 시작한다. "만일 내가 신을 사랑한다면 (모든 진실한 철학 작품에 나오는 모든 진실한 '나'와 마찬가지로 여기서도 '나'라는 말이 독자의 마음을 두드린다!) 나는 그를 더 이상 이 세상의 도덕성에 대한 보증으로만 생각하지 않는다." ("더 이상…아니"라는 표현은 거의 직접적인 고백이라고 볼 수 있다.) 그렇다면 무엇으로 생각한다는 말인가? 이 세상 역사 속에서 가난한 자들을 위해 복수하는 분이다. "나는 이분, 가난한 자들을 위해 복수하는 분을 사랑한다." 그리고 또다시 같은 의미에서 선언한다. "나는 하나님 안에서 인간의 아버지를 사랑한다." 여기서 '아버지'는 '가난한 자들의 보호자와 조력자'를 의미한다. 왜 그런가? "나에게 인간의 참모습은 가난한 자들에게서 드러난다."

'종교를 향한 길'만 걷던 사람이 얼마나 크게 비약한 것인가! 하지만 뭔가 새로운 것이 더욱 분명한, 더욱 강력한 목소리로 울려 나고 있다. "그러므로 신을 향한 사랑은 모든 인식을 뛰어넘는 것이어야 한다…만일 인간이 신을 사랑하게 되면 그의 의식 속에는 아무것도 남아 있지 않다. 그러므로 이렇게 다른 모든 내용을 흡수해 버리는 인식은, 이제 오로지 인식이라고 불릴 것이 아니라 사랑이라고 불려야 한다." 이 맥락에서 그가 성서에 나오는 하나님 사랑의 계명을 인용하고 해석하는 것은 논리적으로 지극히 자연스럽다. "함께 살아가는 인간을 위해 뛰고 있는 나의 온 가슴, 함께 있는 이 세상의 정신이 움직이는 모든 방향을 주의 깊게 바라보는 나의 온 영혼, 인간과 함께 관계를 맺고 있는 그 신을 위한 나의 온 마음, 이 모든 것을 온전히 쏟아붓지 않는다면 나는 신을 사랑할 수 없다."

여기서 나는 한 가지 반론을 제기하려고 한다. 물론 이는 코엔의 이 문장과 직접 관련된 것이 아니라 그와 연결된 다른 문장과 관계된 것이다. 코엔은 '역설'에 관해 말하면서, "내가 **바로 그 인간을 사랑해야 한다는**" 것이 역설이라고 한다. 그는 이렇게 쓴다. "벌레, 내가 바로 벌레, 온갖 정열에 부식된, 자기 자신에 대한 탐닉의 먹잇감으로 던져진 나, 그런 내가 그럼에도 인간을 사랑해야 한다. 내가 그럴 수 있다면, 그럴 수 있는 한, 나는 신도 사랑할 수 있다." 강렬한 인상을 남기는 글이다. 그러나 마지막 문장은 수많은 중요한 사람들의 실제 현실과는 맞지 않는다. 성서의 가르침도 그 역설을 정확히 반대 방향으로 극복한다. 성서는 인간에게 인간을 사랑하라고 명령할 수 없다는 사실을 잘 알고 있다. 나는 모든 사람에게 사랑을 느낄 수 없다. 설령 신이 직접 나에게 명령한다고 하더라도 말이다. 성서는 오로지 사랑을 입증하는 형태로만 인간 사랑을 명령한다(레 19:18, 34). 나는 나의 '동료', Gefährte, 함께 걷는 사람 곧 내 인생의 길을 가는 동안 관계를 맺는 모든 개별적인 사람, 내가 그 길에서 만나는 모든 사람, 나그네로 잠시 머무르는 '게르'에게도˙ 나와 똑같은 사람에게 하듯 사랑을 입증해야 한다. 그에게 사랑에 해당하는 관심을 보여야 한다. (나는 '그에게' 사랑해야 한다는 여격 표현은 성서 전체를 통틀어 이 두 구절에서만 등장한다.) 물론 외적인 몸짓으로만이 아니라 진정성 있는 존재의 태도로 그렇게 해야 한다. 나는 이런 사랑을 원할 수 있으며, 이런 사랑에 대한 명령을 받아들일 수 있다. 그때 나의 동료를 위한 사랑의 감정은 나의 태도로부터 나와서 나의 마음에 일어나는 것이어야 할 텐데, 이것은 나의 의지로 나에게 생길 수 있는 것이 아니다.

 그런데 성서는 인간에게 **하나님을 감정으로** 사랑하라고 명령한다(신 6:5, 10:12, 11:1). 오로지 이 맥락에서만 나의 동료인 나그네를 사랑하라고 명령한다(신 10:19). 만일 내가 하나님을 사랑하면, 하나님을 향한 나의 사랑의 길을 통해, 그가 사랑하는 사람까지 사랑할 수 있게 된다. 내가

---

˙   '게르'는 '손님, 외국인, 떠돌이, 낯선 사람'을 뜻하는 히브리어다.

그분을 알게 되자마자 실제로 그 하나님을 사랑하기를 원할 수 있다. 신의 부르심을 받은 이스라엘도 그를 알게 된다. 그래서 나도 그 명령을 받아들일 수 있다.

사실 코엔은 다른 의미에서 이 말을 하고 있다. 여기서 그는 하나님이 '오로지 관념'이라는 사실에 자기가 불편함을 느껴야 하는지 묻고 있기 때문이다. 그리고 이렇게 답한다. "예를 들면, 내가 관념을 사랑할 수 없어야 한다는 말인가? 인간이라는 것이 사회적인 관념이 아니면 무엇인가? 내가 인간을 개인으로 사랑하는 것은 오직 이 관념 안에서, 이 관념에 힘입어 사랑할 수 있는 것이다. 그러므로 엄밀하게 말하자면, 오로지 이 관념, 곧 인간에 관한 사회적 관념만을 사랑할 수 있다." 나는 이것이 정반대여야 한다고 생각한다. 내가 한 사람을 사랑할 때, 그리고 내가 한 사람을 사랑하기 때문에, 인간에 대한 사회적인 관념과 나의 관계는 감정의 뒷받침을 받아 나의 전 존재를 쏟아붓는 관계로 발전할 수 있으며, 그 관계야말로 내가 사랑이라고 부를 만한 것이다. 그렇다면 신과의 관계는 어떤가?

로젠츠바이크는 코엔의 신 관념을 오해하여, 그에게 신이란 '오로지 관념'$^{\text{nur eine Idee}}$이라고 생각해서는 안 된다고 경고한 바 있다. 이 경고는 일리가 있다. 로젠츠바이크는 코엔에게 관념이란 '오로지 하나의 관념'에 불과한 것은 아니라는 사실을 제대로 짚어 준다. 그러나 코엔이 '오로지 관념인 하나님'이라고 말할 때는 전혀 다른 식으로 변질된 '오로지'(=단지)라는 사실을 무시해서는 안 된다. 우리는 미美의 관념, 선善의 관념과 우리의 관계를 사랑이라고 부를 수 있다. 물론 내 생각으로는 이런 관계와 결부된 감정적 실체와 가치는 그것의 구체적 실현 속에서 획득할 수 있다. 그런데 신을 사랑하는 것은 이런 모든 것과 본질적으로 다르다. 신을 사랑하는 사람은 그 신이 '오로지 관념'이 아닐 때 비로소 그를 사랑한다. 그리고 그가 '오로지 관념'이 아니기 때문에 그를 사랑할 수 있다. 그래서 나는 감히 이런 결론을 내리려고 한다. 코엔이 신을 관념으로 생각한 것은 사실이다. 그러나 그 신을 사랑했다.

# 05

『철학의 체계 안에서 종교의 개념』 이후 출간된 위대한 유작 『유대교의 근원에서 나온 이성의 종교』에서 코엔은 그 질문을 다시 한번, 그러나 더욱 의미심장하게 파고든다. "인간은 어떻게 관념을 사랑할 수 있는가?" 그는 스스로 묻고 이렇게 답한다. "우리가 관념 이외에 어떤 다른 것을 사랑할 수 있는가?" 그는 이런 근거를 제시한다. "사람은 감각적인 사랑을 할 때조차 오로지 이상화된[idealisiert, 관념화된] 인격, 곧 인격의 관념만을 사랑한다." 그러나 사람이 '감각적인' 사랑(더 정확하게 말하자면, 감각적인 것을 포함하는 사랑)을 할 때 오로지 이상화된 인격을 사랑한다는 말은 오로지 그 인격의 관념만을 사랑한다는 의미가 결코 아니다. 이상화된 인격도 인격이지 그것이 관념이 되는 것은 아니다. 내가 이상화한다고 해도 그 인격은 실제로 존재하는 것이기 때문에 나는 그 이상화된 인격을 사랑할 수 있다. 단테 알리기에리가 '내 정신의 영광스러운 여인'[la gloriosa donna della mia mente]을 늘 가슴에 품고 있었다고 하지만, 결정적으로 중요한 것은 그의 두 눈에 실존하는 여인 베아트리체가 나타나 그의 '삶의 정신'을 고양했다는 사실이다. 한 사람에게 관념화(이상화)를 일으키고 그것을 강화하는 힘은 바로 그 사랑받는 사람의 존재 가장 깊은 곳에서 나오는 것이 아닌가? 진정한 이상화란 나의 사랑을 받는 그 존재가 창조의 섭리에 따라 지향하고 있는 본질을 궁극적으로 발견하는 것이 아닌가?

코엔은 말한다. "신을 향한 인간의 사랑은 도덕적인 이상Ideal을 향한 사랑이다. 나는 오로지 이상만을 사랑할 수 있으며, 내가 그것을 사랑하지 않고서는 그 이상을 파악할 수 없다." 믿음에 강하게 사로잡힌 철학자 코엔은 자신의 최고 단계에 이르러서도 신을 향한 사랑을 말하면서 그것이 어떤 것을 포함하는지 말하지 않고, 여전히 그것이 어떤 것 "이다"라고 말한다. 그러나 신을 향한 인간의 사랑은 도덕적 이상을 향한 사랑이 아니라 그것을 포함하는 사랑이다. 신을 오로지 도덕적 이상으로 사랑하는 사람은, 시시각각 드러나는 세상의 모습이 자신의 도덕적 이상과 모순되는 것을 마주하면서 이 세상을 다스리는 신의 섭리에 쉽게 회의를 느낄 수밖에 없다. 욥은 자신의 도덕적 이상과 하나님의 모습이 너무 다른 모습을 보이자 절망에 빠진다. 폭풍 속에서 그에게 말씀하시는 분은 그가 가지고 있던 이상의 범위를 뛰어넘으시는 분이다. 그분은 그 이상의 원형이 아니다. 그 원형은 그분 안에 있다. 그분이 이상을 주신다. 그러나 그 이상을 모두 합친다고 그분이 되는 것은 아니다. 신의 총체가 곧 선<sup>善</sup>은 아니다. 신은 선을 초월한다. 그분은 인간이 자신의 계시에 따르기를 원하신다. 그러나 그분은 인간이 그분을 받아들이고 사랑하기를 원하신다. 깊이 감춰진 그분의 비밀까지도 그리하기를 원하신다.

신을 사랑하는 자는 이상을 사랑하는 것이 아니라 이상 너머에 있는 신을 사랑한다. 그는 이상이 아니라 그분으로부터, 관념이 아니라 오직 그분으로부터, 이상을 추구하는 것으로는 도저히 파악할 수 없는 그분으로부터, 절대적 인격인 신으로부터 사랑받고 있음을 경험한다. 그렇다면 신이 인격"이다"라는 말인가? 그 인격의 절대성, 역설 중의 역설은 그런 식의 발언을 금한다. 다만 그는 인격으로 사랑하고 인격으로 사랑받기를 원하신다는 뜻이다. 그래서 그분은 인간을 창조하실 때 인격이 되는 수밖에 없었다. 인간을 사랑하시고 인간에게 사랑을 받으시려고, 나를 사랑하시고 나에게 사랑을 받으시려고.

관념도 사랑을 받을 수 있다고 하자. 설령 그렇다 하더라도 사랑을 할 수 있는 것은 오로지 인격이다. 믿음에 압도된 철학자 코엔은 (그 와중에도 그 어느 때보다 힘을 다해 자신의 체계를 두 손으로 꼭 붙들고서) 신과 인간의 사랑을 관념과 인격의 사랑으로 해석하지만, 결국 그 사랑의 실재성을 증언한다. 그 실재성은 대립성으로 구성된다. 신의 존재를 순수하게 유지하기 위해 신의 현존재를 거부하는 철학마저도 자신의 의지를 거슬러, 두 기둥 위로 확고하게 서 있는 다리의 아치를 가리킨다. 한 기둥은 전능한 신, 다른 하나는 연약한 인간이다.

## 06

코엔은 칸트에 대해 이렇게 말한 적이 있다. "그의 신론에서 특징적인 것은 일반적인 의미에서 비인격성, 곧 진정으로 정신적인 것이다. 이것은 신을 관념으로 끌어올림이다." 그리고 이렇게 덧붙인다. "유대교 신 관념의 가장 깊은 토대가 바로 이것이다." 칸트에 대한 그의 평가는 정당하다. 그러나 칸트의 유작을 읽어 보면, 신을 이념으로 끌어올리는 것을 (코엔은 그 작업을 관철하려고 하는데) 거부하는 경향이 여기저기서 활발하게 나타나고 있음을 알 수 있다. 정작 칸트는 현존재 개념과 관념의 결합을 거부한다. 칸트는 이렇게 말한다. "초월철학은 신 개념으로 가장 위대한 실존의 실체를 사유한다." 물론 다른 지점에서 그 말의 의미를 더 명확하게 드러낸다. 그것은 "우리가 직접 만들어 낸 실체의 이상$^{Ideal}$"이다. 또 다른 곳에서는 이렇게 말한다. "그런 본질의 개념은 어떤 실체에 관한 개념이 아니라, 독립적으로 존재하는 어떤 사물의 개념이다."

우리에게 때때로 혼란스럽게 다가오는 이런 묘사는 신

의 관념이 한 사상가 안에서 일으키는 치열한 갈등의 기록이다. 한쪽에는 신-관념 중에 '관념'의 요소가 있고 다른 한쪽에는 '신'의 요소가 있다. 그 갈등은 항상 똑같은 지점으로 돌아오다가 결국 그의 죽음으로 끝난다. 코엔은 그 관념을 완전한 논리의 맥락 속으로 가져와서 어떤 모순의 여지도 남기지 않으려고 했다. 믿음이 그를 강력하게 사로잡았을 때조차 그 맥락을 붙잡으려는 노력을 포기하지 않았다. 여기서 그는 '유대교 신 관념의 가장 깊은 토대'가 자신의 생각을 지지하고 있다고 생각했다.

그러나 유대교 신 관념의 가장 깊은 토대는 그 옛날 모세에게 하나님이 말씀하신 "내가-여기에-있다", 바로 그 "에흐예"를 깊이 파고들 때 비로소 도달할 수 있다.˙ 이것이야말로 모든 시대에 이 관념의 의미와 내용을 결정한다. 이 말씀이야말로 신의 인격적인 '현존재'(여기에 있음), 그의 살아 있는 현존을 드러낸다. 그분이 자신을 드러내는 사람에게는 이 말씀이야말로 가장 우선적인 관심이다. "예흐예"의 알림과 그것을 말하는 분의 자기표현, 곧 아브라함의 하나님, 이삭의 하나님, 야곱의 하나님이라는 표현은 떼려야 뗄 수 없는 관계다. 우리는 그분을 철학자들의 하나님으로

---

˙ 출 3:14에서 하나님은 모세에게 자신을 소개하면서 "에흐예 아쉐르 에흐예"(I AM THAT I AM)라고 말씀하신다.

만들 수 없다.

"나는 하나님 안에서 인간의 아버지를 사랑한다"라고 말하는 사람은, (평소의 그는 그것을 인정하고 싶지 않겠지만) 자기 가슴에서 치솟아 오르는 근원적인 힘으로 바로 그 철학자들의 하나님과 결별한 사람이다. 코엔이 이해한 코엔 자신은 철학자들의 하나님과 아브라함의 하나님 사이에서 하나를 선택하지 않았다. 그는 끝까지 그 둘을 동일시할 수 있다고 믿는다. 그러나 그의 사유에 생명력을 부여하는 그의 가슴의 근원적 힘이 그를 대신하여 선택하고 결단했다. 동일시는 실패했고 실패할 수밖에 없다. 결국 신 관념은 인간의 걸작, 이미지 중의 이미지, 모든 이미지 중에서 가장 숭고한 것에 불과하기 때문이다. 이미지가 없는 분, 곧 하나님으로부터 인간이 만들어 낸 이미지일 뿐이다. 바로 이것을 깨닫고 겸손히 엎드리는 것은 인간의 본성을 거스르는 일이다. 하지만 하나님을 사랑하는 법을 배운 인간은 관념을 뛰어넘는 실재를 경험한다. 인간은 여전히 철학자의 위대한 노력을 반복하면서 사랑의 대상을 철학적 사유의 대상으로 고정하려 할 수 있다. 그러나 사랑은 자신의 파트너가 '여기에 있음'[현존함]을 증언한다.

# 종교와 현대 사상

# 01

나는 현대 사상과 종교의 관계에 관해 말하려고 한다. 일단 이것은 믿음의 관점에서 사상을 설명하려는 시도가 아니다. 또한 믿음과 철학 사이에서 상호 관용에 근거한 협의를 이끌어 내려고 하는 것도 아니다. 내가 관심의 대상으로 삼은 현대 사상은 다음 질문과 관련하여 중요한 판결을 내린 사상이다. '종교에는 인간 삶의 실재적 특성이 있는가? 만일 있다면 어떤 조건에서 그런 것이며, 어떤 한계가 있는가?' 이런 질문과 관련하여 한편에서는 존재론적 의미의 판결이 내려졌다. 마르틴 하이데거와 장 폴 사르트르의 이른바 실존주의가 그것이다. 다른 한편에서는 심리학적인 의미의 판결이 내려졌는데, 여기에는 융의 집단 무의식 이론이 있다. 이 두 가지 태도의 밑바탕에는 하나의 견해가 자리 잡고 있다. 그것은 지금 종교가 겪고 있는 위기의 추이가 본질적으로 현대 사상, 특히 존재론적인 사상과 심리학적인 사상이 정확하게 포착해 낸 인간의 존재 규정과 긴밀하게 얽혀 있다는 견해다. 이 생각은 검토해 볼 필요가 있다.

내가 하이데거와 사르트르를 나란히 언급했다고 해서, 종교와 관련된 문제에 대해 두 사람 사이에 어떤 공통점이 있다고 봐서는 안 된다. 전혀 그렇지 않다. 두 사람은 이 문제와 관련하여 (다른 면에서도 그렇지만) 근본적으로 다르다. 그래서 각각에 주는 답도 완전히 다를 수밖에 없다.

사르트르는 공공연하게 자신의 무신론을 선언한다. 그는 "내가 대변하는 무신론적 실존주의"라고 말한다.[3] 물론 하이데거도 여기서 말하는 사상의 대표자로 거명되겠지만, 정작 하이데거는 자신이 그렇게 분류되는 것을 거절했다. 그래서 우리는 사르트르에게 좀 더 집중하려고 한다.

사르트르는 자신의 무신론이 실존철학의 자연스러운 결과라고 명백히 주장한다. 이 무신론은 예컨대 유물론적 무신론과는 본질적으로 다르다. 그러나 이 무신론이 실제로 실존주의적 세계관, 다시 말해 인간 현존재의 실재에 근거한 세계관에서 나온 것이라는 근거는 명확하게 드러나지 않는다.

사르트르는 "신은 죽었다!"는 니체의 외침, 차라리 절규에 가까운 그 말을 현실 상황에 관한 유효한 진술로 받아들인다. 사르트르가 보기에 우리 시대는 신보다 오래 살아남은 시대das Gott überlebende Zeitalter다. 그러나 사르트르는 (물론 다른 글[4]에서 그는 전문가로서 가장 강력한 어조로 "신은 존재하지 않는다!"Dieu n'existe pas라고 단언하지만) 언젠가 이런 말도

한다.[5] 신이 죽었다는 말은 신이 존재하지 않는다는 말로 이해되어서는 안 되며, 앞으로도 신이 존재하지 않을 것이라는 말로 이해되어서도 안 된다. 그래서 해석이 필요한 자리에 그가 직접 자기 해석을 집어넣는데, 그 해석이 상당히 독특하다. 그는 이렇게 말한다.[6] "신은 죽었다. 그는 우리에게 말했지만 지금은 침묵한다. 우리는 그의 시체만 만지고 있다." 충격적으로 통속적인 마지막 문장은 여기서 별도로 언급하지 않겠다. 다만 그 앞에 있는 문장에 집중하려고 한다. "그는 우리에게 말했지만 지금은 침묵한다." 우리는 이 말을 진지하게 생각해 보려고 한다. 이는 원래 사르트르가 이 말을 통해 의도했던 것은 고려하지 않겠다는 뜻이다. 그가 주장하고 싶었던 것은, 인간이 과거에는 신의 말씀을 듣는다고 생각했지만 지금은 그렇게 생각할 수 없게 되었다는 것이리라. 그러나 우리는 다른 것을 묻는다. '신이 과거에는 우리에게 말했지만 지금은 침묵한다는 말이 글자 그대로 참일까?' '오히려 이 말은 히브리 성서가 담고 있는 의미로 이해되어야 하지 않을까?' 히브리 성서에 나오는 신은 자신을 계시하는 신일 뿐 아니라 "자신을 숨기는" 신이기도 하다.[7] 또한 우리는 이런 숨김의 시대, 신이 침묵하는 시대를 살아간다는 것이 어떤 의미인지 생생하게 그려 보려고 한다. 어쩌면 우리는 그것을 통해 오늘 우리의 현존재를 위한 메시지를 찾아낼 수 있을 것이다. 그리고 그것은 사르트르가 우리에게 가르쳐 주려고 하는 것과는 전혀 다른 모습일 것이다.

사르트르가 우리에게 가르쳐 주려는 것이 무엇인지는 그의 글을 통해 충분히, 분명하게 알 수 있다.[8] "현대인의 종교적 갈망은 지속되고 있는데 초월자는 침묵하고 있다는 사실, 이것이 오늘이나 어제나 중대한 관심사다. 그리고 이것이 니체와 하이데거와 야스퍼스를 괴롭히고 있는 문제다." 실존주의는 용기를 내서 시대착오적인 종교적 갈망을 제거해야 하며, 신을 추구하는 것을 결정적으로 포기해야 하며, 신을 '잊어'버려야 한다.[9] 인간은 수백 년 동안 지속된 위기, 곧 믿음과 학문의 위기를 뒤로하고, 과거 인간이 신에게 부여했던 창조적인 자유를 되찾아 와야 한다. 그리고 자기 자신이야말로 이 세상이 존재하도록 만드는 존재라는 사실을 깨달아야 한다. 사르트르는 말한다. "왜냐하면 인간적 우주, 인간적 주체성의 우주 외에는 다른 우주가 없기 때문이다." 방금 인용한 문장은 새로워진 관념론의 명제처럼 들린다.

우리 시대 실존주의 사상가들을 (사르트르처럼 재빨리 거기서 벗어나지 못하는 사상가들을) '괴롭히는' 문제는 그가 생각하는 것보다 훨씬 깊은 곳에 있다. '종교적 갈망'의 지속은 인간 실존 안에 있는 어떤 것 때문이 아닌가? 이것이 궁극적인 물음이다. 실존이란 정말 사르트르가 이해한 것처럼 '자기 자신을 위해' 여기에 있음, 곧 자신의 주체성이라는 캡슐 속에 있음을 의미하는가? 본질적으로 실존이란 그 x(측량이 가능한 어떤 x가 아니라 결정적인 X), 규정할 수 없고 규명할 수 없는 그 X와 마주하고 여기에 있음을 의미하는 것 아닌가?

사르트르는 말한다.[10] "신은 타자의 가장 순수한 본질Quintessenz"이다. 그러나 사르트르에게[11] 타자는 나를 '바라보고', 객체Objekt, 대상로 만드는 타자다. 그는 신의 개념도 '없애 버릴 수 없는 증인' 개념으로 이해한다. 만일 신이 그런 존재라면 "우리에게 신이 왜 필요한가? 타자면 충분하다. 임의의 타자면 된다."[12] 그러나 만일 신이 타자의 가장 순수한 본질이 아니라, 그 타자의 절대성이라면 어떻게 되는가? 나와 타자의 관계가 일차적으로 주체와 객체의 상호 관계가 아니라, '나'와 '너'의 상호 관계라면? 모든 경험적인 타자는 당연히 나의 '너'Du일 수 없다. 경험적 타자는 나에게 '그것'Es이 되고 대상이 된다. 나도 그에게 그러하다. 그러나 내가 '하나님'이라고 부르는 절대적 타자, 나의 절대적인 상대,Gegenüber 규정할 수 없고 규명할 수 없는 X는 그렇지 않다. 하나님은 나에게 결코 대상Gegenstand이 될 수 없다. 그분에 대한 나의 관계는 영원한 '너'에 대한 '나'의 관계일 수밖에 없다. 영원한 '나'에 대한 '너'의 관계일 수밖에 없다. 만일 인간이 바로 이 관계를 얻을 수 없다면, 다시 말해 하나님이 그에게 침묵하고 그가 하나님에게 침묵한다면, 그렇다면 무슨 일이 일어난 것이다. 그것은 인간의 주체성 속에 일어난 일이 아니라 존재 자체에 일어난 일이다. 그렇다면 그 일을 신의 '죽음'이니 뭐니 하면서, 어마어마하고 그만큼 부적절한 말로 대응할 것이 아니라, 그 일을 있는 그대로 겪어 내는 것이 더 합당한 일이리라. 그리고 또 다른 사건을 향해, 존재 안에서 일어나는 새로운 변화를 향해 실존적으로 다가가는 것, 하늘과 땅 사이에서 자신의 죽음 너머까지 그 말씀이 다시금 크게 울려 퍼지는 사건을 향해 다가가는 것이 더 합당하다. 사르트르는 '종교적 갈망'의 지속에 이의를 제기하며, 그것은 초월자의 침묵과 모순된다고 말한다. 그러나 그 갈망은 인간이 그 침묵 자체를 알아차리게 된 상황을 가리켜 보여주고 있다.

인간이 신에게 부여되었던 창조적 자유를 되찾아 와서 자기야말로 이 세상이 존재하도록 만드는 존재라는 사실을 긍정해야 한다는 사르트르의 말은 (이 말은 루트비히 포이어바흐를 떠올리게 만드는데[13]) 더더욱 의심스럽다. 물론 우리가 이 세상이라고 부르는 것, 곧 우리에게 알려져 있는 현상들의 총체는 수천 세대에 걸쳐 인간이 만들어 낸 합성 작품이다. 그러나 이것은 우리의 작품이 아니라, 다양한 존재자들이 우리와 만남으로써 생겨난 작품이다. 사실은 우리도 (우리의 주관성도 여기 포함되는데) 우리의 작품이 아니다. 우리가 '세상'으로 분류하는 모든 현상의 기원이라고 할 수 있는 만남도 우리의 작품이 아니다. 모든 존재자는 끼어들어 온 것eingesetzt, 삽입된 것이다. 우리는 끼어들어 왔다. 존재자와의 만남도 끼어들어 온 것이다. 그러므로 우리를 통해 일어나는 이 세상의 형성도 끼어들어 온 것이다. 이처럼 온 우주가, 또 우리 자신과 우리의 작품이 모두 '끼어들어 옴'이라는 사실은 실존하는 우리가 어느 정도 다가설 수 있는 존재의 근본 실상이다. 이런 실상을 감안할 때, 인간이 창조적 자유를 되찾아 와야 한다는 주장은 선동적인 문구처럼 보인다. 우리에게 부여된 '창조적 자유', 우리가 그 창조에 참여함은 우리 자신과 마찬가지로 끼어들어 온 것이다. 그러므로 중요한 것은 그 자유를 올바르게, 다시 말해 그 끼어들어 옴에 합당하게 사용하는 것이다. 그 이하도 그 이상도 아니다. 그런데도 '자유의 되찾음'을 요청하는 사람은 진정한 인간 실존, 곧 소명과 과제로 주어진 실존을 회피하는 것이다.

사르트르는 하나님의 '침묵'에서 시작했지만, 거기서 우리의 듣지 않음과 듣지 않았음이 차지하는 비중이 어느 정도인지는 묻지 않았다. 그는 이 침묵에서 추론하여[14] 신이 존재하지 않음을, 적어도 우리를 위해서는 존재하지 않음을 주장한다. 신이 나의 것이 아닌 상태에서 내가 신의 객체일 뿐이라면, 그런 신은 나에게 아무런 영향도 끼치지 않는다. 이런 식의 추론이 가능한 것은, 사르트르가 주체-객체-상호 관계를 두 존재 사이의 일차적이고 독점적인 관계로 여겼기 때문이다. 그는 '나'와 '너' 사이의 근본적이고 결정적인 관계를 보지 못했다. 이 관계에 비하면, 주체와 객체의 상호 관계는 단순한 배열 작업에 불과하다.

그런데 사르트르는 여기서 한 걸음 더 나아간다.[15] 이제 인간은 "결론을 도출해야 한다." 신은 침묵한다. 다시 말해 어떤 궁극적인 말도, 절대적인 구속력이 있는 말도 들리지 않는다. "이 세상에는 아무런 징표도 없다."[16] 그래서 우리가 무엇을 해야 하는지 가르쳐 주는 보편적인 도덕도 없고, 절대적인 가치를 발견할 수 있는 모든 가능성이 신과 함께 사라져 버렸으며, 이제 인간에게는 "모든 것이 허용되었고",[17] 마침내 자유로워져서, 자유 그 자체가 되었으니, 가치를 규정하는 것도 이제 그에게 달려 있다. 사르트르는 글자 그대로 이렇게 말한다.[18] "만일 내가 하나님-아버지를 없앴다면,$^{si\ j'ai\ supprimé\ Dieu\ le\ pére}$ 그 자리에 누군가가 있어야 한다. 가치를 발명하기 위해서 말이다…$^{pour\ inventer\ les\ valeurs…}$ 인생에 선험적인$^{a\ priori}$ 의미 같은 것은 없다…거기에 어떤 의미를 부여하는 것은 너의 일이다. 결국 가치는 네가 선택한 그 가치 외에 다른 것이 아니다." 이것은 이미 니체가 한 말과 거의 똑같다. 그 후로 더 참된 것이 되지는 않았다.

하나의 의미 혹은 가치를 믿고 받아들이는 것, 내 인생이 나아갈 방향을 가리키는 빛으로 받아들이는 것은 우리가 그것을 발명erfinden했을 때가 아니라 발견finden했을 때다. 내 인생의 비밀을 풀어 주는 의미, 방향성을 제공해 주는 가치가 되는 것은, 내가 여러 가지 가능성 중에서 그 의미 혹은 가치를 자유롭게 선택했거나, 임의의 어떤 사람들과 함께 '이제부터는 이걸 지키자'고 했을 때가 아니라 그것이 나와의 만남을 통해 나에게 드러났을 때다.

이 명제는 나에게 조르주 소렐Georges Eugène Sorel, 1847-1922의 기이한 개념, 곧 사회적 신화mythe social 개념을 상기시킨다. 그 개념의 대표적인 사례가 총파업의 신화다. 총파업의 신화, 결코 실현될 수 없는 이 신화가 노동자들에게 그들이 적극적으로 나아가야 할 방향을 제시해 준다는 것이다. 그러나 이것은 그들이 소렐의 글을 읽지 않을 때, 그리고 그것이 단지 신화에 불과하다는 것을 알고 있을 때만 제대로 작동할 수 있다.

인간 심리의 탁월한 관찰자, 천재적인 문학가 사르트르의 글에서는 진정한 존재론적인 관찰이 자꾸 다른 것과 뒤섞인다. 그의 글보다 중요하게 다뤄야 할 것이, 위대한 철학자의 반열에 확실하게 들어가 있는 한 사람, 곧 하이데거가 우리 시대의 종교 문제에 대해서 내놓은 생각이다. 이와 관련한 그의 사상은 하이데거 사상의 제2기부터, 대략 1943년부터 본격적으로 발표되었지만, 이전의 저작에서도 중요한 암시를 발견할 수 있다.

사르트르와 마찬가지로 하이데거도 "신은 죽었다!"는 니체의 말을 붙잡고 그 선언을 상세하게 파고든다.[19] 그는 니체가 이 말을 통해 단순히 신과 작별하려고 한 것이 아니라, 모든 형태의 절대적인 것과 작별하려고 했음을 명확하게 밝힌다. 근본적으로 니체는 종교만이 아니라 형이상학에도 작별을 고하려고 한 것이다. 물론 하이데거는 이런 극단적인 부정에 새로운 입장을 끼워 넣을 수 있다고 믿는다. 이 새로운 입장이란 순수하게 존재론적인 사상, 인간 안에서 혹은 인간을 통해 환히 밝혀지는 존재에 관한 가르침이다. 그 가르침 속에는 파르메니데스적인 존재 사상, 곧 존재는 절대적인 것이 아직 형태를 갖지 않은, 혹은 형태를 뛰어넘은 상태라는 생각이 헤겔의 이론, 곧 인간 정신 안에서 자기의식에 도달한 근원 원리에 대한 이론과 독특하게 연결되어 있다.

하이데거가 '신의 죽음'에도 불구하고 이런 새로운 입장을 정립할 수 있었던 것은, 그가 생각하는 존재$^{Sein}$가 인간의 운명, 그리고 역사와 연결되어 있으며 바로 그 운명과 역사를 통해 환하게 드러나는 것, 그러면서도 인간적 주체성의 여러 기능 중 하나로 변해 버리지 않는 것이기 때문이다. 이런 생각은 (하이데거는 정작 이런 이미지를 쓰는 것을 회피하지만) 신이 부활할 수도 있다는 사실을 암시한다. 이것은 새로운 존재론적 사유의 전개를 통해, 신적인 것 혹은 (하이데거가 시인 횔덜린과 관련하여 즐겨 쓰는 표현처럼) 거룩한 것이 새로운 형태, 아직 예상하지 못했던 형태로 다시 나타나는 큰 변화를 일으킬 수 있다는 사실을 의미한다. 하이데거가 번번이 강조하는 것처럼, 그러므로 이 사상은 무신론이 아니다. "신의 존재에 대해서 긍정이든 부정이든 결정을 내리지 않았기"[20] 때문이다. 오히려 이 사상은 "현존재Dasein라는 넉넉한 개념"을 통해 비로소 "현존재와 신의 관계는 존재론적으로 어떤 상태인가?"를 제대로 물을 수 있게 해준다.

하이데거는 이런 견해가 무신론으로 여겨지는 것을 거부할 뿐 아니라 무관심주의, 결국 허무주의로 빠져 버릴 무관심주의로 간주되는 것에도 저항한다.[21] 그는 결코 종교적 물음에 대한 무관심을 가르치지 않는다는 것이다. 오히려 그 종교적 질문과 마주하여 유일하게 중요한 것은 종교적인 근본 개념을 철저하게 사유하는 것, 하나님 혹은 거룩함 같은 말의 의미를 사상적으로 해명하는 것이다. 그는 이렇게 묻는다. "만일 우리가 인간으로서, 다시 말해 실존적 본질Wesen로서 신과 인간의 관계를 감히 알고자 한다면, 먼저 그런 말을 모두 꼼꼼하게 이해하고 들을 수 있어야 하는 것 아닌가?" 이것이야말로 인간이 존재를 새롭게 사유함이다.

하이데거의 견해에 따르면[22] 신적인 것이 다시 나타나는지, 나타난다면 어떻게 나타나는지를 결정하는 것은 인간이 아니다. 그런 나타남은 오히려 존재 자체의 운명으로부터 일어날 수 있다. 그러나 "그 전에, 오랜 준비를 통해 존재 자체가 탁 트인 상태로 드러나고 그 진리가 경험되는 것"이 이를 위한 전제로 언급되고 있다.[23] 존재가 자기 자신을 환하게 드러내는 곳은 인간의 사유, 진리에 대한 사유다. 그러므로 "거룩한 것의 날이 밝아올 것인지 아닌지, 그 날이 온다면 어떻게 올 것인지"와 관련하여 바로 그 사유가 얼마나 중요한 비중을 차지하게 되는지 확연히 알 수 있다. 하이데거는 거룩한 것이 태양처럼 떠오르는 것, 아직은 불확실한 그 일출을 "신과 신들이 새롭게 드러나기 시작하는" 찬란한 배경으로 이해한다. 그는 우리의 시대를 궁핍한 시대eine dürftige Zeit라고 말한 횔덜린의 시를 해석하면서, 그것은 "달아난 신들의 시대, 그리고 오고 있는 신의 시대"라고 말하기까지 한다.[24] 그 시대가 궁핍한 까닭은 두 가지 의미에서 빈곤을 겪고 있기 때문이다. 그것은 "달아나 버린 신들의 '더 이상 아니'와 오고 있는 신의 '아직 아니'다." "거룩한 곳에 거하는 그분이 누구인지"[25] 말할 수 있는 말이 없는 것fehlen, 부재하는 것/안 보이는 것처럼, 그 신도 없다. 이것이 '신이 없는 시대'[26]이다. 말과 신, 이 둘이 동시에 없다. 신이 없어서 말이 없는 것도 아니고 말이 없어서 신이 없는 것도 아니다. 이 둘이 한꺼번에 없으며 한꺼번에 다시 나타난다. 인간이 존재와 가깝기 때문이다. 존재는 그때그때, 역사적으로 인간 안에서 환히 드러난다. 하이데거는 경고한다. 그러므로 이런 시간을 살아가는 인간은 스스로 하나의 신을 만들어 내려고 해서는 안 되고 계속해서 기존의 익숙한 신에게 의지해서도 안 된다. 이런 의미에서 그는 일반적인 '종교'를, 특별히 유대-그리스도교의 예언자적 원리를 주의하라고 말한다. 그는 말한다. "이런 종교들의 '예언자들'은 거룩한 것의 말(씀)을 앞서 말하지 않는다. 그들이 미리 말하고 있는 것은 다름 아닌 신이다. 천국의 복락을 약속하는 구원의 안전함이 의지하고 있는 바로 그 신이다."[27]

참고로 나는 우리 시대 최고 수준의 철학 사상을 통틀어서 이스라엘의 예언자들에 관하여 이보다 큰 오해는 찾아보지 못했다. 이스라엘의 예언자들은 청중의 안전 욕구가 의지하고 있는 하나님을 말한 적이 없다. 오히려 그들은 밖으로 나가 외칠 때마다 모든 안전함을 산산이 쳐부수고, 궁극적 불안함의 까마득한 낭떠러지에서 가장 기대하지 않은 모습으로 나타나는 하나님을 선포했다. 그 하나님은 피조물인 인간이 참된 존재가 되는 것, 참된 인간이 되는 것을 요구하신다. 그는 헛된 생각을 품은 사람들, 곧 하나님의 성전이 우리에게 있으니 안전할 것이라고 생각하는 모든 사람의 희망을 꺾어 버리신다. 바로 이것이 이스라엘의 예언자들이 바라본 신, 역사적인 요구와 함께 다가오는 신이다. 이런 예언의 근본적인 실재를 '종교들'의 헛간에 처박아 둘 수는 없다. 예언은 지금과 같은 역사적 순간에 그 어느 때보다 생생하고 현실적인 것이다.

나는 여기서 하이데거의 존재론을 비판적으로 파고들 생각은 없다. 다만 나는 한 가지, 나에게는 그 존재의 개념이 (모든 존재자에게 내재하는 사실과는 다른 어떤 것을 의미하는데) 견딜 수 없을 만큼 공허하다는 것을 고백하고 싶다. 그 공허함을 떨쳐 내려면 나는 종교의 세계로 도피하거나, 몇몇 그리스도교 스콜라 철학자들이나 신비주의자들이 그랬던 것처럼, 그 개념을 신성에 대한 철학적 표현으로 봐야 할 것이다. 이것은 우리가 그 표현 속에서 창조 이전의 신성을 보거나, 본다고 생각할 때 가능한 일이다. 그런데 여기서 그 신비주의자들 가운데 하나이면서, 가장 위대한 사상가인 마이스터 에크하르트$^{Meister\ Eckhart}$가 한 말을 짚고 넘어가야 한다. 그는 플라톤의 발자취를 따라가면서, '존재는 곧 신이다'$^{esse\ est\ Deus}$라는 진리보다 더 높은 진리로 '[신은] 존재와 현존재보다 위에 있다'$^{Est\ enim\ [Deus]\ super\ esse\ et\ ens}$는 문장을 제시한다.

하이데거의 말은 이와 대조를 이룬다. "존재, 그것은 신이 아니고 세상의 근본도 아니다. 존재는 또한 모든 존재자

이상이고 그럼에도 모든 존재자보다 인간에게 가까이 있다. 그것이…천사이든 신이든 말이다. 존재는 가장 가까운 것이다."[28] 만일 마지막 문장이 의미하는 것이, 나 자신이('나는 생각한다'cogito의 주체인 '나'가 아니라 몸으로 살아가는 나의 총체로서) 있다는 말이 아니라면, 나에게는 그 존재의 개념이 진정한 사유 가능성의 성격을 띠지 못한다. 물론 하이데거에게는 존재 개념이야말로 그 성격을 확실하게 붙잡고 있는 것으로 보이겠지만 말이다.

내가 본격적으로 파고들려는 것은 신적인 것das Göttliche에 대한 하이데거의 주장이다. 하이데거는 스스로 그어 놓은 한계를 철저하게 의식하면서 오로지 그 신적인 것의 '나타남'에 관해, 특히 그것이 미래에 나타나게 되는 조건에 관해 서술한다. 이 나타남의 조건은 인간의 사유, 특히 존재 사유에 속한 것이다. 내가 볼 때 그의 주장에서 가장 눈에 띄면서 가장 문제가 되는 것은, 그가 신적인 것 혹은 신을 직접 서술하지 않고, 그것/그의 나타남 혹은 다시 나타남만을 논의의 대상으로 삼는다는 사실이다. 인간이 영원히 이름 없는 존재에게 이름을 붙인 이래로 인간의 모든 언어 속에서 초월적인 본질, 곧 본질적으로는 우리에게 알 수 없는 대상으로 주어진 그 초월적인 본질은 번번이 그 단어('신적인 것')로 불렸다. 그런데 우리는 그 초월적 본질이 우리를 향해 다가와 우리와 관계를 맺는 존재라는 사실을 깨달았다. 때로는 다른 모습으로, 때로는 같은 모습으로, 때로는 아무런 모습 없이 다가와 우리에게 그 관계 속으로 들어오라고 했다. 그 본질은 초월성Transzendenz에서 나와 내재성Immanenz 속에서 우리에게 다가오고, 우리가 있는 곳으로 내려오고, 우리에게 자신을 보이고, 우리에게 말을 건넸다. 오고 있는 그이der Kommende는 자기가 원해서 자신의 황홀경에서 빠져나왔다. 그가 오는 것은 우리가 이뤄 낸 일이 아니다.

이것이 예로부터 종교와 마술의 결정적 차이다. 인간이 마술로 불러낼 수 있다고 생각하는 존재라면 (그 존재가 신 행세는 할 수 있겠지만) 그런 존재를 신으로 여기면서 믿을 수는 없다. 인간의 비밀스러운 지식과 능력을 쥐락펴락하는 어떤 세력의 결합물로 간주될 뿐이었다. 마술을 일으키는 사람에게는 말을 건네지 않는다. 그 사람에게서는 대답이 나오지 않는다. 그가 기도문을 외운다고 하더라도 그는 기도하고 있는 것이 아니다.

하이데거는 또다시 횔덜린의 말을 해석하면서 의미심장한 말을 한다. 횔덜린은 감동을 일으키는 신들과 감동에 사로잡힌 인간의 공동 작품이 바로 노래라고 이해한다. 그렇다면 인간에게만 신들이 필요한 것이 아니라 어쩌면 "천상의 존재들에게도 사멸할 존재들이 필요하다."[29] 신에게도 대화의 파트너, 작업의 동료로서, 그를 사랑하는 자로서 독자적인 인간이 필요하다. 인간은 까마득한 옛날부터 이것을 희미하게 의식하고 있었다. 신에게도 이렇게 인간이 필요하다. 혹은 이렇게 필요하기를 원한다.

그러나 하이데거는 거기서 한 걸음 더 나아가 이렇게 말한다. "인간도 신들도 각자의 자리에서 거룩한 것과의 직접적인 관계를 완수할 수는 없다." 이 말은 신적인 것과 인간적인 것의 관계에 관한 역사에서 그 어떤 영역, 그 어떤 시간에도 맞지 않는다. 언제나, 번번이 한 분이 자기로부터 인간에게 다가간다. 그 인간을 당황시키고 열광시키면서 다가간다. 경배하는 자는 (아무리 대단한 경배를 드린다고 해도) 자기 나름으로 그분을 경배할 뿐이다. 신은 마술로 불러올 수 없다. 신도 인간을 강요하지 않는다. 신은 자기로부터 존재하고, 존재자들도 존재자 자신으로부터 존재하도록 한다. 둘 다 신적인 힘과 마술적인 힘을 구분한다. 인간이 신에게 순종하느냐 저항하느냐, 이것이 신에게 전혀 중요하지 않은 일이 될 수는 없다. 마찬가지로 인간, 곧 온전한 인간은 자신의 본질적인 결단을 통해 신적인 드러남과 감춰짐에 막대한 영향을 끼칠 것이다. 그러나 개념을 명료하게 만들어 주는 사유가 그런 영향을 끼칠 수 있는 곳은 하늘과 땅 사이 그 어디에도 없다.

그러므로 인간이 위에서 말한 근대적-마술적 영향력을 통해 그분의 나타남을 불러일으킬 수 있다고, 혹은 함께 일으킬 수 있다고 생각하는 그 존재는, 우리 인간이 (교리의 다양함에도 불구하고 궁극적으로는 한목소리로) 하나님이라고 불렀던 그분과는 그저 이름만 같을 뿐이다. 그런 신의 다시 나타남을 말하는 것은 받아들일 수 없다.

지금 내가 집중적으로 파고드는 것을 하이데거가 몰랐던 것 같지는 않다. 그는 1936년 또다시 횔덜린을 해석하면서, 방금 내가 서술한 근원적 실재에 눈에 띄게 가까이 다가온다. 횔덜린은 우리 인간을 두고 이렇게 노래한다.

우리가 하나의 대화이고
서로의 말을 들을 수 있는 때부터.

하이데거는 이 노래를 다음과 같이 푼다. "신들이 우리에게 직접 말을 건네고 우리를 그들의 요구 앞에 세울 때, 신들은 오직 그때에만 발언할 수 있다. 신들을 호명하는 말은 언제나 그런 요구에 대한 응답이다."[30] 하이데거의 이런 설명은 내가 '대화적 원리'das dialogische Prinzip라고 부르는 것, 곧 신적인 것과 인간적인 것의 '자기로부터'Von-sich-her가 대화적 관계를 맺는다는 원리를 증언한다.

그러나 그 후로는 하이데거의 글에서 이와 유사한 내용을 찾아볼 수가 없다. 실제로 우리가 그의 후기 저작에서 신적인 것에 관한 글을 살펴보면, 소중한 싹이 자라나다가 그 위로 어떤 폭력적인 힘이 덮치는 바람에 그 싹이 죽어

버린 것 같은 느낌이 든다. 하이데거는 저 '오고 있는 이'와 여기 인류에게 남겨진 위대한 신의 흔적, 그 둘을 공통적으로 이어 주는 것에 더 이상 관심을 두지 않는다. 오히려 그는 그 '오고 있는 이'를 기존에 있었던 모든 것으로부터 떼어 내는 데 모든 사상과 언어의 힘을 동원한다. 그 후로 하이데거가 역사적인 것과 관련하여 무슨 말을 하는지 주의 깊게 살펴본 사람이라면, 앞서 말한 그 싹을 뿌리째 뽑고, 그 자리에 완전히 새로운 것에 대한 믿음을 심어 놓은 것은 다름 아닌 역사, 곧 일어나고 있는 역사die geschehende Geschichte라는 사실을 확실하게 볼 수 있다.

그 효과가 어떤 식으로 퍼져 나갔는지는, 그가 다양한 시기에 다양한 계기로 발언한 것을 비교해 보면 정확히 알 수 있다. 예컨대 1933년 5월 총장 취임 연설을 보자.[31] 여기서 하이데거는 아주 일반적인 의미에서 '새로운 출발의 영광과 위대함'을 찬양한다. 같은 해 11월 대학생들에게 발표한 선언문에서는[32] 그 당시 역사적 사건의 주인공으로 불길함을 자아내는 그 사람을 일컬어 "오늘과 미래 독일의 실재이자 그 법률"이라고 선포한다. 여기서 역사는 모든 경건한 시대에 그랬던 것처럼 신의 심판 아래 서지 않는다. 그 어떤 호소에도 흔들리지 않는 역사 스스로 오고 있는 이에게 길을 제시한다. 물론 하이데거가 이해한 역사는 과거 사건의 나열이 아니다. 1939년에는 이렇게 말한다.[33] "역사는 드물다." 그리고 이렇게 설명한다. "역사는 진리의 본질이 처음으로 결정되는 때, 오직 그때만 존재한다." 그러나 하이데거가 그때라고 이해한 바로 그 시간이 가장 잔인한 모습으로 나타나 그를 잘못된 길로 인도했다. 그는 자신의 사유, 곧 자신이 관여하는 사유, 거룩한 것의 떠오름을 준비할 수 있는 힘을 부여한 그 존재의 사유를[34] 그가 역사라고 긍정한 시간과 하나로 묶었다. 그는 그 어떤 철학자보다도 자신의 사상을 자신의 시간과 하나로 묶었다. 헤겔도 그렇게는 못했다. 그 모든 시도 끝에 그는, 그 실존적 사상가는 그 시간과 마주하여 영원에 헌정된 자유를 실존적으로 쟁취할 수 있었는가? 아니면 그는, 그와 함께 '거룩한 것'은 (인간적인 거룩함도 인간의 거룩한 저항도 역사적 기만 앞에서 책임 있게 대답하지 못했으니) 그 시간의 운명에 빠져들고 말았던가? 지금 내가 던지는 질문은 수사적인 질문이 아니라 진정한 질문이다.

신의 죽음에 대한 니체의 말을 붙잡은 두 사람 중 한 명, 사르트르는 의미와 가치를 자유롭게 발명하자고 요청함으로써 신과 자기 자신의 불합리함을 논증했다. 또 한 명, 하이데거의 사상은 진리에 관한 사유로부터 신이 재탄생한다는 것인데, 이 사상은 우리가 도저히 벗어날 수 없는 시간의 그물망에 걸려들었다. 이 실존주의는 길을 잃은 것 같다.

## 02

하이데거 그리고 사르트르와는 달리, 우리 시대의 대표적인 심리학자인 융은 역사적이고 개인사적인 형태로 나타난 종교를 학문 연구의 대상으로 삼아 포괄적으로 관찰했다. 그는 이 관찰 과정에서 내가 사이비 종교로 규정하는 현상까지 무수히 끌어들였다. 내가 그것을 '사이비 종교'라 말할 수밖에 없는 이유는, 우리에게 무조건적인 '상대'로 경험되고 믿어지는 분과의 인격적인 관계, 곧 본질과 본질이 만나는 관계에 관한 내용이 없다는 데 있다. 융이 그런 시도를 한 것을 두고 비난할 수는 없다. 융이 밝히고 있는 것처럼, 심리학은 스스로 정해 놓은 경계가 있으며 융 자신도 그 경계를 넘고 싶지 않다는 말은 충분히 타당성이 있다. 심리학은 두 영역[종교의 영역과 사이비 종교의 영역]의 질적인 차이를 구분하지 않는다. 이것은 사회학의 영역에서 막스 베버 Max Weber, 1864-1920가 모세의 카리스마와 히틀러의 카리스마를 서로 다른 장르로 구분해 내지 못한 것과 같다. 그런데 융이 비난을 받아야 하는 까닭은, 그가 종교적인 것을 주제로 삼은 여러 글에서 오히려 그 심리학의 경계를 넘었다는 것이다. 그것도 가장 본질적인 지점에서 아무렇지도 않게 그 경계를 넘으면서도, 자신이 그렇게 하고 있다는 사실을 밝힌다거나 그 근거를 제시하는 경우가 거의 없었다.

확실히 융이 종교적 대상에 대해 엄격하게 심리학적으로 진술하는 일이 없지는 않다. 때로는 자기 진술의 타당성이 제한적이라는 사실을 분명하게 강조하기도 한다. 예컨대 그는 계시란 "인간 영혼의 깊은 곳이 열려 드러남을 뜻하는 심리학적인 화법"이라면서 "잘 알려진 것처럼, 그것이 다른 어떤 것일 수 있는지와 관련해서는 아무것도 결정된 것이 없다"nichts ausgemacht고 말한다.[35] 가끔은 자신의 근본적인 입장을 이렇게 밝히기도 한다.[36] "초월적인 것에 대한 일체의 진술은 피해야 한다." 왜냐하면 그것은 "언제나 자신의 경계를 의식하지 못한 인간 정신의 우스꽝스러운 자만일 뿐"이기 때문이다. 만일 신이 영혼의 어떤 상태로 일컬어진다면, 그것은 "인식 불가능한 것, 곧 [앞에서 인용한 표현이 여기서 그대로 다시 나오는데] 도대체 아무것도 결정될 수 없는nichts ausgemacht 어떤 것에 대한 말이 아니라, 오로지 인식 가능한 어떤 것에 대한 말"이다. 이런 문장에서 심리학의 합법적인 태도가 드러나는데, 이것은 심리학이 (다른 학문과 마찬가지로) 자기가 넘어서는 안 되는 자기 경계만 잘 주시하고 있으면, 얼마든지 객관적으로 타당한 진술을 할 수 있다고 여기는 태도다.

그러나 그는 이미 그 경계를 넘어섰다. 그는 종교에 대해 이렇게 말한다. 그것은 "의식과 무관하게, 의식의 저편에 있는 인간 영혼의 어두운 배경 속에서 일어나는 정신적인seelisch 과정과의 생생한 관계"다.[37] 종교에 대한 이런 식의 정의는 아무런 제약이 없는 발언일 뿐 아니라, 아예 그런 제약을 허용하지 않으려는 기세다. 만일 종교가 그런 정신적인 과정과의 관계라면, 그리고 그 과정이라는 것이 자기 영혼에서 일어나는 과정일 뿐이라면, 종교는 어떤 존재 혹은 본질과의 관계가 아니라는 말이다. 설령 그것이 때로는 상당히 그 관계 쪽으로 기울어진다고 해도 언제나 그 관계 너머에 있다. 좀 더 정확히 말하면, 여기서 종교는 하나의 '나'가 하나의 '너'와 맺는 관계가 아니다. 그러나 인류의 역사 속에서 분명하게 종교적인 모습을 보인 인물들은 자신의 종교를 이런 '나-너' 관계로 이해했다. 그 종교는 바로 '너' 안에서 '나'가 신비로운 방식으로 꽃을 피우는 것을 간절히 원했던 것이다.

아무튼 종교는 인간이 신과 맺는 관계의 문제이지 신 자체에 관한 것은 아니다. 그렇기 때문에 우리에게 더 중요한 것은 융이 신 자체에 대해 무슨 말을 하고 있는지 들어보는 것이다. 일반적으로 그는 신을 "자율적인, 심리적인 내용Inhalt"으로 이해한다.[38] 우리가 주목해야 할 것은, 그가 신을 어떤 심리적인 내용에 상응하는 하나의 존재 혹은 본질로 보지 않고 그냥 그 내용으로 본다는 점이다. 융은 이렇게 덧붙인다. 만일 신이 그런 내용이 아니라면 "신은 실제로 존재하지 않는다. 왜냐하면 그 경우 신은 우리의 삶에 관여하지 않기 때문이다." 이런 주장에 따르면 자율적인 심리적 내용이 아닌 모든 것, 심지어 그런 심리적 내용을 우리 안에 불러일으키고 그것이 우리 안에 약동하게 하고 다른 것과 함께 움직이게 하는 것마저도 우리 삶에 관여하지 않는, 그래서 실제적이지 않은 것으로 이해될 수 있다.

이와 별개로 융도 '인간과 신 사이의 상호적이고 필연적인 관계'를 알고는 있다.[39] 그러나 그는 인간은 '신의 심리학적 기능'으로, 신은 '인간의 심리학적 기능'으로 이해해야 한다고 주장한다. 솔직히 말해, 나는 '신의 심리학적 기능'이 어떤 것인지 (그런 식의 표현은 정말 진지하게 신을 어떤 정신이나 심리학으로 여기는 것일 텐데) 절반도 이해할 수 없다. 분명 융은 신이 "우리 심리학의 입장에서는 무의식의 기능 가운데 하나"라고 밝힌다.[40] 그러나 이 명제는 오직 심리학의 경계 안에서만 유효한 명제가 결코 아니다. 왜냐하면 융이 그 명제를 "정통적인 견해",[41] 곧 신이 "그 자체로$^{für\ sich}$ 존재한다"고 믿는 견해와 대치시키고 있기 때문이다. 융은 이런 견해의 심리학적 의미를 이렇게 풀고 있다. "그것은 신적인 작용이 자신의 내면에서 나온 것이라는 사실을 인간이 의식하지 못한 것이다.'" 여기서 융은 신자들이 하나님이라고 생각하는 것의 뿌리가 사실은 자기 영혼에 있다는 주장을 또렷하게 선언하고 있다.

이런 선언이 그의 다른 확언, 곧 자기가 말하는 것은 "칸트가 사물 자체$^{Ding\ an\ sich}$를 '단지 소극적인 경계 개념'이라고 불렀을 때 생각한 것과 거의 똑같은 것"이라는 확언[42]과 어떻게 조화될 수 있는지, 나는 이해가 되지 않는다. 잘 알려진 바와 같이, 칸트는 사물 자체가 어떤 현상이 아니므로 어떤 범주로 이해할 수 없으며, 그저 알려지지 않은 어떤 것의 이름으로만 생각할 수 있다고 설명했다. 예컨대 내 창문 앞에 있는 나무의 현상은 알려지지 않은 어떤 것과의 만남이 아니라 나 자신의 내면에서 나온 것이라는 생각은 칸트의 의도와 전혀 맞지 않는다.

융은 초월적인 것에 대한 모든 진술을 피하려고 한다고 밝혔지만, 사실상 "신은 '절대적으로' 존재하지 않는다. 다시 말해 인간적 주체에서 떨어져 나와 인간적 조건의 저편에서 존재하는 것은 아니"라는 견해와 자신을 동일시한다.[43] 잘 생각해 보자. 그의 주장을 따르자면, 신이 ("신"이라

---

- 원서 98쪽 열째 줄에는 entspricht(~와 상응한다)로 되어 있는데, 158쪽 첫째 줄에는 entspringt(~에서 나온다)로 되어 있다. 어느 하나는 오자다. 전체적인 문맥으로 보면 후자가 더 맞다고 판단되어 후자로 통일했다.

는 독특하고 독보적인—별도의 관사가 붙지 않은—단어가 아예 그 의미를 상실한 것이 아니라면, 그 신은 다수의 여러 신들 가운데 하나에 불과한 모종의 신처럼 취급되어 단 하나의 유일한 실존 방식에 묶여 버릴 수 있는 존재가 아니건만) 인간 주체와는 완전히 분리되어 있으면서 동시에 그 주체와 연결되어 존재할 수 있는 가능성은 허용되지 않는다. 그는 인간적 주체와 분리되어서는 신이 존재할 수 없다고 선언할 뿐이다. 이것은 분명 초월적인 것에 관한 진술, 곧 무엇이 존재하지 않는 것이고 무엇이 존재하는 것인지에 관한 진술이다. 융 자신은 "심리적으로 경험 가능한 것에 만족하고 형이상학적인 것을 거부"한다고 강조하고 있지만,[44] 신적인 것의 '상대성'에 관한 그의 진술은 심리학적인 것이 아니라 명백히 형이상학적인 것이다.

어쩌면 융은 나의 이런 주장에 맞서 과거에 그가 했던 말, 곧 "형이상학적 주장은 영혼의 진술이며 그래서 심리학적"[45]이라는 말을 내세울지도 모른다. 그러나 우리가 어떤 진술을 관찰할 때 그것의 의미와 의도에 따라 내용을 검토하지 않고 그것의 정신적 생성의 과정을 검토한다면, 모든 진술은 전적으로 '영혼의 진술'이라 지칭할 수 있다. 그러므로 그 문장을 진지하게 받아들인다면, 심리학의 경계는 폐지된다. 융이 다른 글에서는[46] 심리학이 "형이상학적 주장이나 그 밖의 신앙고백을 통해 넘어서려고" 해서는 안 된다고 말했던 바로 그 경계가 무너진 것이다. 이로써 심리학은 유일하게 허용된 형이상학이 되는 극단적인 모순이 일어난다. 그러면서도 심리학은 경험과학으로 남아야 한다. 그러나 그 둘을 하나로 엮는 것은 불가능하다.

또한 융은 이런 자신의 생각에 부합하는 영혼<sup>die Seele</sup>의 개념을 제시한다.[47] "영혼이야말로 태생적인 신성한 창조력으로 형이상학적 진술을 하는 실체다. 영혼은 형이상학적 본성들의 차이를 '설정한다.'<sup>setzen\*</sup>" 영혼은 형이상학적으로 실재하는 것의 조건일 뿐 아니라, 그렇게 실재하는 것 자체다." 여기서 '설정한다'는 표현은 그냥 나온 말이 아니다. 여기서 융이 의도하고 있는 것은 칸트 이후의 관념론을 심리학적인 것으로 전이시킨 것이다.[48] 그러나 (피히테의 '나'처럼 어떤 철학적인 성찰의 결과물에 관해 말하자면) 형이상학적 사상의 내부에서 자기 자리를 차지하고 있는 것은 그런 식의 결정권을 요구할 수 없다. 게다가 그것이 구체적인 낱낱의 영혼에, 혹은 좀 더 정확히 말해서, 실존하는 인격체 안에 있는 영혼<sup>das Seelische, 영혼과 관련된 것</sup>에 해당하는 것이라면 정말

---

- 독일어로 setzen의 일차적인 뜻은 어떤 사람이나 사물을 어떤 자리에 '앉히다'이다. 여기서는 형이상학적으로 중요한 본질, 특성, 본성들의 독특한 차이를 명확하게 설정한다는 뜻으로 쓰인다. 모호하게 떠돌게 내버려두는 것이 아니라 확고하게 '앉히는' 것, 그 자리를 지정해 주는 것이다.

그러한데, 융이 말하는 것이 다름 아닌 이것이다. 융의 설명에 따르면, 집단 무의식 곧 원형의 영역도 그때그때 개인 곧 '전형적인 행동 양식'을 물려받은 개인의 영혼<sup>Psychik</sup>을 통해서만 경험 속으로 들어올 수 있기 때문이다.[49]

실재하는 영혼에는 뭔가를 만들어 내는 힘, 인간이라는 종<sup>種</sup>의 원초적인 에너지가 개별적으로 응집된 힘이 있다는 사실은 반박할 수 없다. 물론 내가 보기에 "태생적인 신성한 창조력" 같은 표현은 지나치게 고상하고 부정확한 표현이긴 하다. 만일 그 영혼이 무슨 진술을 한다면, 그것은 (아무리 형이상학적인 진술이라고 할지라도) 어떤 창조적 힘에서 나오는 힘으로 할 수 있는 것이 아니다. 인간 영혼의 진술은 오로지 신뢰할 만한 실제적 관계, 곧 인간 영혼에 관해 뭔가를 말하는 진리와의 관계에서 나온다. 그 영혼에 부딪혀 오는 것, 그 영혼이 마주하여 경험하게 되는 것, 거기서 사상적으로 그 진리에 대한 깨달음이 자라난다. 그 너머에 있는 것은 진실한 진술이 아니라 형편없는 소설 혹은 저급한 짜깁기일 뿐이다.

실제적인 개별 영혼은 절대 '형이상학적 실제'로 간주될 수 없다. 그 영혼의 본질적인 삶은 (그것을 인정하든 그러지 않든) 다른 실제들과의 실제적인 만남들로 이루어진다. 그 실제<sup>Realität</sup>는 또 다른 실제적인 영혼일 수도 있고 다른 어떤 것일 수도 있다. 우리는 그것을 라이프니츠의 모나드로 이해할 수도 있다. 그 사상의 관념적 결론, 특별히 신의 개입이 예정되어 있다는 결론은 융이 결코 동의하려 하지 않을 것이다. 그러나 그것이 아니라면, 융의 사상은 예컨대 개별 영혼의 경험적 실제 영역, 곧 심리학에 맡겨진 영역을 확실하게 넘어서고 있다. 그리고 그 모든 개별 영혼에게서 그저 나타나기만 하는, 모든 것을 초월하는 총체적인 본질을 가정하면서 그것을 '영혼' 혹은 '바로 그 영혼'die Seele이라고 부른다. 형이상학적 '설정'은 충분한 철학적 근거와 판단이 필요한 것일 텐데, 내가 보기에는 융의 주장에서는 그런 것을 찾아볼 수가 없다.

융이 종교에 대한 입장을 정하면서, 이 모호한 영혼 개념에 얼마나 결정적인 의미를 부여했는지는 다음 두 문장에서 또렷하게 드러난다. 두 문장[50] 모두 똑같은 주어로 시작된다. "현대적 의식은 19세기와는 달리 가장 깊고 강력한 기대를 품고 영혼에 주목한다." "현대적 의식das moderne Bewußtsein은 믿음을 혐오하며, 그래서 그 믿음에 기초한 종교들을 혐오한다." 초기의 융은, 사람들이 자신의 사상에서 "믿음 혹은 차원이 높은 힘에 대한 신뢰를 비꼬는 뭔가"가 있는 것처럼 생각해서는 안 된다며 이의를 제기했지만,[51] 이제는 그 믿음을 "혐오하는" 현대적 의식과 자신을 완전히 동일시한다. 그의 글을 꼼꼼히 읽는 독자라면 이런 변화를 놓칠 수가 없다.[52] 융에 따르면, 이 현대적 의식은 이제 "가장 깊고 강력한 기대"를 품고 영혼에 주목한다. 이 말이 의미하는 바는 명백하다. '현대적 의식은 여러 종교가 믿고 있는 신에게서 완전히 결별하고자 한다. 그 신은 영혼에게 현존하고 어떤 메시지를 전하고 영혼과 소통하지만, 그의 존재는 영혼을 초월한 것이다. 현대적 의식은 그 신에게 철저히 돌아서서 그 의식의 유일한 영역으로서 영혼을 향한다. 사람들은 그 영혼이 자기 안에 신적인 것을 품고 있다고 기대한다.' 다른 식의 이해는 불가능하다. 그러므로 우리는 대략적으로나마 이렇게 정리할 수 있다. 융은 자신의 심리학을 "하나의 세계관이 아니라 학문"이라고 장담하지만, 그 심리학은 종교의 해석자 역할로 만족하지 않고 새로운 종교, 곧 유일하게 참일 수 있는 순수한 심리적 내재성의 종교를 설파한다.

언젠가 융은, 프로이트에게는 종교적 체험을 이해할 능력이 없다고 말했다.[53] 맞는 말이다. 융 자신은 종교적 체험의 온갖 바닥과 심연을 두루 거치면서, 거기서 지금까지의 심리학이 시도했던 모든 것을 훨씬 능가하는 작업을 수행했다. 그런데 그 여정 속에서 결국 그가 발견한 것은, 그런 종교적 체험을 하는 사람, 곧 그 영혼이 체험하게 되는 것은 다름 아닌 자기 자신이라는 깨달음이라고 말한다. 모든 시대의 신비주의자들이 이와 비슷한 것을 선포했다. 융도 그들을 인용하고 있다. 그러나 두 가지 결정적인 차이를 유념해야 한다. 첫 번째는 체험의 주체와 관련된 것이다. 융이 말하는 영혼, 위와 같이 체험하는 영혼이란 이 세상의 분주한 움직임과 모순 가득한 피조물의 실존에서 벗어나 모순 없는 신적인 것을 포착할 수 있으며 그것을 자기 안에서 작동하게 할 수 있는 그런 영혼만을 의미한다. 두 번째는 체험되는 것과 관련된 것이다. 영혼이 이해하는 체험이란 그 영혼 안에 존재하는 신과 영혼의 통일성, 하나됨이다. 신은 이 세상의 실재 속으로 들어오기 위하여 끊임없이 영혼 속에서 "태어난다."

융은 온전한 인간이 인생의 분주함으로부터 벗어남을 위해, 의식의 분리*에 의해 규정되는 '개성화'$^{Individuation}$의 과정을 투입한다. 자기 안에 존재하는 것과의 하나됨을 위해서는 '자기'$^{Selbst}$를 투입한다. 잘 알다시피 이 개념은 원래 신비주의에서 나온 말이다. 그러나 융에게 와서는 진정한 신비주의적 개념이 아니라 영지주의적$^{gnostisch}$인 개념으로 변해 버린다. 융 자신도 영지주의적인 것으로의 변화에 대해 말한다. 앞에서 인용한 문장, 곧 현대적 의식은 영혼에 주목한다는 문장 다음에 이런 추가 설명이 붙는다. "그리고 이것은 사실…영지주의적 의미의 영혼이다." 여기서 우리는 (그저 암시적인 형태이긴 하지만) 융의 정신적 생애의 초기

* 정신적 의존 상태로부터 분리됨을 의미한다.

부터 특징적이었던 어떤 경향의 성숙한 표현을 보게 된다. 상당히 일찍 인쇄되었지만 시중에 유통되지는 않은 어느 글에서도 이런 경향이 나타나는데, 거기서 융은 아예 종교적인 언어로 명백하게 영지주의적인 신에 대한 고백을 드러낸다. 그 신에게서는 선과 악이 서로 연결되어 있고 균형을 이루고 있다. 모든 것을 포괄하는 총체성의 모습으로 대립의 극복을 추구하는 것은 그때 이후로 융의 작품 전체를 꿰뚫는 핵심 사상이 된다. 지금부터 우리는 융의 '개성화'와 '자기'를 고찰할 텐데, 여기서도 이 사상이 결정적으로 중요하다.

여기서 융이 궁극적으로 관심을 두고 있는 것이 무엇인지는 만다라에 대한 그의 분석에서 가장 뚜렷하게 드러난다. 만다라는 원 모양의 상징 이미지로, 융은 다양한 종교 전통, 특히 오리엔트의 종교와 그리스도교 중세 초기에 나타난 만다라를 살피는 데 그치지 않고 정신병 환자나 신경증 환자의 그림에서 발견한 만다라까지 다룬다. 그는 만다라를 집단 무의식에서 발원한 표현으로 이해한다. 만다라는 대립의 통일, 온전성Ganzheit 혹은 완전성Vollständigkeit의 재현이다. 여성적인 것과 남성적인 것, 선과 악을 자기 안에 끌어안아 하나로 만드는 '통일의 상징'이다. 일반적으로는 그 만다라의 중심이 (융의 해석에 따르면 거기가 신성神性, Gottheit의 거처인데) 특별히 강조된다. 그런데 오래된 만다라 중에서 일부, 현대의 만다라 중에서는 다수가 그 중심에 "어떤 신성의 흔적이 나타나지 않는다."[54] 그 만다라를 그린 사람들은 (융의 말에 따르면[55]) 현대의 그림에서 바로 그 자리를 점유하고 있는 상징을 "자기 자신 안에 있는 중심"으로 이해한다. 융은 이렇게 설명한다.[56] "신성의 자리는 인간의 온전성이 차지해 버린 것 같다." 융은 고대 인도의 가르침을 참조하여, 그 신적인 것을 구현하는 핵심적인 온전성을 일컬어 '자기'Selbst라고 부른다. 물론 융이 아예 대놓고 이런 그림 속에 현대인의 무의식이 표출되고 있으며 거기 나타나는 자기가 신성을 대체한다고 주장하는 것은 아니다. 지금까지의 인류 역사에서는 신성이 인간적 자기das menschliche Selbst를 대체했으나, 이제는 더 이상 그렇지 않다고 말하는 편이 차라리 융의 의도에 부합할 것이다. 이제 인간은 자신의 자기를 자신의 바깥에 있는 신에게 투사하지 않는다. 그렇다고 자기 자신을 신격화하려는 것도 아니다. (융은 이 부분을 강조한다.[57] 그러나 우리가 지금부터 살펴보게 될 다른 맥락에서는 이런 신격화의 의도가 분명하게 드러난다.) 인간은 초월적인 신을 부정하지 않고 그냥 차단할 뿐이다. 알 수 없는 신을 알려고 하지 않는다. 그런 신을 아는 것처럼 행세할 필요도 없다. 그 대신 인간은 영혼을 알고 있다. 아니, 자기를 알고 있다. '현대적 의식'이 혐오하는 것은 신이 아니라 믿음이다. 신이 뭔지 모르겠지만, 현대적 의식을 지닌 인간에게 유일하게 중요한 것은, 그런 신과 믿음의 관계를 맺지 않는 것이다.

'현대적 의식'을 지닌 인간이 오늘을 살아가는 인간 종족 전체와 동일시되는 것은 물론 아니다. 융의 말에 따르면, "인류는 크게 보면 심리학적으로 아직 유년기 상태, 극복될 수 없는 단계에 있다."[58] 이것을 단적으로 보여주는 것이 있다.[59] 바울의 사상이 율법을 극복했으나 그 극복은 양심 대신 영혼을 선택한 사람만이 누릴 수 있다. 아주 소수의 사람만이 그런 능력을 소유하고 있다.

이것은 무슨 의미인가? 우리가 전통적으로 양심Gewissen이라고 부르는 것은 (우리가 그 뿌리를 신적인 것으로 단정하든 혹은 사회적인 것으로 파악하든, 아니면 그냥 모든 인간에게 보편적인 것으로 규정하든) 어떤 내적이고 정신적인 재판정이다. 그것은 우리가 이미 행한 것과 앞으로 행할 것의 테두리 안에서 옳은 것과 옳지 않은 것을 분간하는 일을 하며, 옳지 않은 것으로 결정된 것을 하지 못하게 막아 주는 역할을 한다. 물론 이것은 전부터 전해 내려오는 법칙을 (그것이 종교적인 율법이든 사회적으로 형성된 법률이든) 곧이곧대로 고수함이 아니다. 예를 들면, 자기가 소명감을 느끼는 어떤 일이 있는데 자기가 그 일을 하지 못했음을 아는 사람, 이것이 자기 인생의 과제라고 깨닫게 된 어떤 일이 있는데 그것을 완수하지 못했음을 아는 사람, 확실한 운명을 마주했지만 그 운명에 충실하지 못했음을 아는 사람, 그런 사람이라면 "양심이 때린다"는 말이 무슨 뜻인지 안다. 그런데 '운명'Bestimmung이란 또 무엇인가? 여기에 대한 훌륭한 설명을 융의 글에서 찾아볼 수 있다.[60] "운명을 지닌 사람은 내면의 음성을 듣는다." 여기서 융이 말하는 음성Stimme이란, 언뜻 악惡으로 보이는 것을 우리에게 가까이 가져오는 목소리이며, 갱신과 치유가 일어나기 위해서는 "부분적으로" 그 요청을 받아들일 필요가 있는 목소리다. 그러나 내 생각에는, 운명을 가진 사람은 때때로 전혀 다른 종류의 음성, 곧 양심의 목소리를 듣게 된다. 그 목소리는 지금 그의 모습과 앞으로 그가 운명적으로 되어야 할 모습을 비교한다. 나는 (융과는 명백하게 다른 입장인데) 모든 사람이 어느 정도는 그런 운명적인 부름을 받았지만, 일반적으로는 그것을 성공적으로 회피하고 있다는 입장이다.

이제 다시 한번 생각해 보자. 어떤 방향을 제시하고 그 방향을 견지할 수 있게 해주며, 올바른 판단과 판결을 내리는 양심이 있던 자리에 영혼을 세워 놓는다는 것은 무슨 의미인가? 융의 사상적 맥락에서 이것은 "영지주의적 의미로" 이해하는 수밖에 없다. '자기' 안에 통합된 영혼은 모든 대립의 합일, 특히 선과 악의 대립을 합일하는 것, 포괄적인 온전함 속에서 합일하는 것이다. 그에 반해 양심은 선과 악, 정의와 불의를 가르고 심판하는 재판정이다. 영혼은 바로 그 양심을 차단한다. 또한 영혼은 모든 원리와 원칙을 중재하고 그것들 간의 협의를 유지하고 균형을 잡아 주는 일을 (이를 뭐라고 부르든지 상관없이) 수행한다. 융은 이런 '길'을 "칼의 날처럼 좁은" 길이라고 표현했는데,[61] 매우 타당한 표현이다. 그런데 그 길이 도대체 무엇인지는 제대로 설명하지 않는다. 제대로 설명하기에 적합한 표현도 아니다. 그 길에 대한 물음은 결국 악의 긍정적 기능에 대한 물음으로 이어진다. 악의 융합이 없으면 온전함이 불가능하기 때문이다.[62]

융은 다른 글에서[63] "프뉴마적인 인간der pneumatische Mensch의 탄생"[64]을 위한 조건에 대해 좀 더 분명하게 서술한다. 이것은 "우리를 눈에 보이는 것에 붙잡아 두는 욕망과 야망과 정열로부터의 해방"으로서 "본능적인 요구의 의미 있는 성취"를 통해 가능하다. 그도 그럴 것이 "자신의 본능을 사는 사람은 그 본능으로부터 벗어날 수도 있다." 융이 이렇게 해석한 도교 서적에는 이런 말이 나오지 않는다. 이런 식의 가르침은 영지주의적 성향의 저술을 통해 우리에게 잘 알려져 있다.[65]

융이 '개성화'Individuation라고 부르는 것은 "프시케에게 속한 독특한 발전 과정"이다. 이 과정은 무의식적인 내용들의 융합, 곧 개인적인 무의식과 특별히 집단적이고 원형적인 무의식의 융합을 통해서 의식 속으로 들어와 "새롭고 온전한 형체"를 실현하게 된다. 앞서 말한 것처럼, 융은 이 형체를 '자기'라고 지칭한다. 이 부분은 잠시 멈춰 서서 명확하게 짚어 봐야 한다. 융은 '자기'라는 말을 쓰면서 그것이 "자아das Ich와 똑같은 그 사람 혹은 타자들"로 이해되기를 원한다.[66] '개성화'도 "세상을 배제하는 것이 아니라 포함하는" 것으로 이해되기를 원한다. 이 말이 어떤 의미에서 맞고, 어떤 의미에서 그렇지 않은지 정확하게 파악할 필요가 있다.

융은 발전의 사건, 곧 "비교적 드문 사건"[67]을 언급하는데, 거기서 인격성이 형성된다. 인격성의 형성에는 '타자들'도 포함된다. 그러나 그들은 개별적 영혼의 내용에 불과하다. 그 영혼은 끝까지 개별적 영혼으로 남아 개성화를 통해 영혼의 완성에 이른다. 타자는 나와 만나기는 하지만, 그 만남은 내 영혼이 어떤 것을 건드리는 것과 같이 그의 영혼을 건드리는 것일 뿐이다. 지금 그 영혼이 아닌 것, 앞으로 그럴 수도 없는 것, 그 영혼이 내포하지 않는 것, 그럴 수도 없는 것, 그럼에도 가장 실제적으로 접촉할 수 있는 어떤 것을 슬쩍 건드릴 뿐이다. 이 타자는 '자기'와 마주하여 ('자기'가 어떤 형태의 완성에 이르렀든지) 끝까지 타자로 남는다. '자기'도 마찬가지다. 그것이 자신의 모든 무의식을 융합했다고 하더라도 끝끝내 자기 안에 유폐된 자기, 개별적인 자기로 남는다. 나와 마주하여 존재하는 모든 존재, 나의 자기에 의해 "포괄된" 모든 존재는 그 과정에서 한낱 '그것'으로 소유될 뿐이다. 내가 어떤 존재의 타자성, 곧 함부로 포괄되지 않는 타자성$^{Anderheit}$을 의식하고, 그 존재를 나에게 동화시키려는 시도를 포기할 때, 그때 비로소 그 존재는 나에게 '너'가 된다. 이것은 인간에게나 신에게나 마찬가지로 적용된다.

분명 이것은 융이 '자기'라고 부르는 목표에 이르는 길은 아니다. 그렇다고 '탈-자기'$^{Entselbstung}$의 길도 아니다. 이 길은 그저 나와 만나는 존재와의 진정한 접촉으로 인도할 뿐이다. 그 존재와의 완벽하고 직접적인 상호성에 이르는 길이다. 실재는 영혼에게 자신을 새겨 넣는다. 영혼은 그 실재에 자신을 끼워 맞춘다. 이 길은 영혼에서 실재로 가는 길이다. 융이 생각하는 다른 길은 실존의 무게 중심을 엉뚱하게 '개성화'에 놓음으로써 다른 존재와의 관계를 '탈-실재화'$^{Entwirklichung}$한다.

융은 에크하르트에게서 자기의 개념을 재발견했다고 주장한다. 이것은 틀린 말이다. 에크하르트의 영혼 사상은 확실한 신앙에 기초한다. 그 신앙에 따르면, 영혼은 자유의 측면에서는 하나님과 비슷하지만, 영혼은 창조된 것이고 하나님은 창조된 것이 아니다.[68] 에크하르트가 하나님과 영혼 사이의 유사성과 근접성에 관해 말한 모든 것의 토대에는 이 본질적 차이에 대한 인식이 있다.

융은 '개성화' 과정의 목표인 '자기'를 영혼 안에서 "상호 대립하는 두 반쪽의 결혼과도 같은 합일"[69]로 이해한다. 앞서 말한 것처럼, 이것은 다른 무엇보다 '악의 융합'을 의미한다. 그 융합이 없으면 융이 생각하는 온전함이란 존재할 수 없다. 그러므로 개성화는 자기의 온전한 원형을 실현하는 것이다. 이와는 반대로 그리스도교의 상징체계에서는 이 원형이 그리스도와 적그리스도로 나뉘는데 이것은 자기의 밝은 면과 어두운 면을 나타낸다. 자기 안에서는 두 가지 측면이 결합된다. 그러므로 자기는 순수한 전체성이고 그 자체로 "신의 이미지와 구분될 수 없는" 것이며, 자기 실현은 사실상 '신의 체현'die Inkarnation Gottes이라고 표현할 수 있다. 선과 악을 자기 안에 통일시킨 신, 그 대립성이 남성과 여성의 특성으로도 나타나는[70] 그 신은 영지주의적 실체이며, 이런 신은 결국 (내가 아는 한에서는 융이 종교사적인 참고 자료를 수없이 늘어놓으면서도 직접 언급하지는 않은) 고대 이란의 신성Gottheit 주르반Zurvān으로 거슬러 올라가는 것일 텐데, 밝게 빛나는 신과 그에 대적하는 어두운 신이 주르반에게서 나온다.

융은 이런 영지주의적인 관점을 토대로 유대교와 그리스도교의 신관을 가공한다. 구약성서의 신에게 사탄, 곧 "방해하는 자"der Hinderer는 보조적인 요소에 불과하다. 신은 특히 "시험"의 목적으로 그를 앞세워 인간이 고난과 절망을 통과하면서 극한적인 결단의 가능성을 구현하게끔 한다. 그런데 융은 그런 신을 절반쯤 사탄적인 데미우르고스(조물주)로 만들어 버린다. 이 신은 얼마 후 (이것이 그리스도의 대속 죽음의 의미가 되는데) 자신의 죄, 곧 실패한 피조물 때문에 (여기서 나는 1940년 저작에[71] 나오는 융의 언어를 그대로 인용하는데, 그가 참조하고 있는 영지주의 문서에는 이와 비슷한 표현이 나오지 않는다) "제의적 살해를 당해야 했다." 여기서 융은 그리스도의 십자가 처형을 염두에 두고 있다. 삼위일체는 자율적인 사탄이 '넷째'로 끼어드는 바람에 사위일체四位一體로 확장된다.[72]

물론 이 모든 것은 융이 강조하는 바와 같이 "심리적인 사건들의 투영이며 인간 정신의 생산물로서, 거기에 형이상학적 유효성을 부여하려고 해서는 안 된다."[73] 그는 자기를 모든 유일신 체제의 원형으로 보려고 하지만, 그 정체는 사실 비밀스러운 영적 지식Gnosis이라는 것이 드러나고 말았다. 다른 한편, 융은 그 자기를 '인간 안에 있는 하나님 형상'imago Dei in homine으로 보기도 한다. 이 맥락에서 그는, 영혼은 신의 본질과 상응하는 어떤 것을 자기 안에 확실히 가지고 있다고 말한다.[74] 이런 말은 (내가 아는 한) 그가 다른 어떤 글에서도 언급한 적이 없는 표현이다. 아무튼 그는 그 자기를, 선과 악의 결혼과 합일을, 새로운 '체현'(성육신)으로 간주하며 세상의 왕좌 위에 올려놓는다. 그는 또 이렇게 말한다. "신의 관념이 더 이상 하나의 자율적인 존재로 투영되지 않는 경우에 무슨 일이 일어나는지 알고자 한다면, 무의식적 영혼의 대답은 이것이다. 무의식은 신성화된 혹은 신적인 인간의 관념을 창조한다."[75] 그리스도와 사탄을 자기 안에 포괄하는 인물[76]은 "신과 인간의 동일성"[77]의 실현으로서 이 땅에 내려온 궁극의 형체, 곧 영지주의적 신의 형체다. 융은 한때 그런 신을 고백했고, 계속해서 그 신이 곧 나타날 것을 암시했으며,[78] 그 신에게 신의를 지키고 있다. 융의 종교심리학은 이 신의 도래를 예고하는 것으로 이해할 수 있다.

"모든 신은 죽었다. 이제 우리가 원하는 것은 위버멘쉬 Übermensch, 저 너머의 인간가 사는 것!"이라는 니체의 말에 대해, 하이데거는 평소와는 너무나 다른 어조로 이런 경고의 말을 쓴다. "인간의 본질은 신의 본질 영역에 결코 도달하지 못하기 때문에, 인간이 신의 자리에 앉는다는 것은 결코 있을 수도 없다. 하지만 이런 불가능성에 비해 훨씬 더 섬뜩한 일이 일어날 수는 있는데, 우리는 이런 것의 본질에 대

- 니체의 『차라투스트라는 이렇게 말했다』에 나오는 표현으로, '~을 넘어 저편에'를 뜻하는 전치사 '위버'(über)와 '인간'(Mensch)이 합쳐진 말이다. 과거에는 일본어 번역을 따라 초인(超人)이라고 옮겼으나 최근에는 대체로 '위버멘쉬'라는 독일어 단어를 그대로 쓴다. 기존의 도덕이나 통념을 뛰어 넘어 새로운 가치를 긍정하고 구현하는 인간이다.

해 거의 사색한 적이 없다. 형이상학적으로 사유할 경우, 신에게 고유한 신의 자리는 존재자를 창조하고 이렇게 창조된 존재자를 유지하는 그런 자리다. 이 신의 자리는 빈자리로 남아 있을 수 있다. 이런 빈자리에 형이상학적으로 [그에] 상응하는 어떤 다른 자리가 나타날 수 있지만, 그 자리는 신의 본질 영역과 동일한 것도 아니며 인간의 본질 영역과 동일한 것도 아니다. 그러나 인간은 바로 이와 같이 다른 자리에 대해 다시금 탁월한 관계를 맺고자 거기에 도달하는 것이다. 초인은 신의 자리로 나아가지 않으며, 그런 자리에 결코 자신의 발을 내디딜 수도 없다. 초인이 다가가고자 의욕하는 그 자리는, 존재자를 그것의 [창조된 존재와는] 다른 존재 속에서 [창조의 방식과는] 다른 방식으로 정초하는 [신의 자리와는] 다른 영역이다."[79]

반드시 귀 기울여 들어야 하는 말이다.

# 종교와 윤리

인간의 정신이 걸어온 길, 역사적으로 조망할 수 있는 길을 살피되, 윤리적인 것과 종교적인 것의 관계 변화에 주목하여 관찰한다면 거기서 어떤 본질적인 것을 경험하게 된다. 이때 필요한 것은 그 둘, 곧 윤리적인 것과 종교적인 것이 이런저런 형태로 드러난 모습이 아니라 그 토대를 응시하는 것, 그것뿐이다.

우리가 엄격한 의미에서 이해하는 윤리적인 것이란 인간에게 가능한 태도와 행동에 대한 인간의 '그렇다'와 '아니다'이며, 그 둘을 근본적으로 구분하는 것이다. 이 근본적인 성격에 맞게, 어떤 태도나 행동이 개인과 사회에 이익이 되는지 손해가 되는지가 기준이 아니라, 그 개인과 사회에 내재한 가치와 무가치가 기준이 되어 그것을 긍정하거나 부정한다. 인간이 자기 자신의 가능성을 마주하고 그 가능성의 한계 안에서 결정하고 결단할 때, 지금 여기 자신의 상황 속에서 무엇이 옳고 무엇이 옳지 않은지 그것만을 물을 때, 우리는 순수하게 윤리적인 것을 포착한다. 이 결정과 결단의 기준은 전통적인 기준일 수도 있고 그 결정과 결단을 내리는 인격체의 독자적인 기준일 수도 있다. 충분히 납득할 만한 기준일 수도 있고 공공연한 기준일 수도 있다. 중요한 것은, 처음에는 서서히 밝아지다가 그다음에는 확 타오르면서 환히 밝혀 주는 결정적인 불꽃die kritische Flamme이 저 깊은 곳에서부터 늘 새롭게 일렁이는 것이다. 이것을 위한 가장 순수한 조건은 모든 인간에게 (그 강도가 각각 다르고 그것을 의식하는 정도도 다르지만) 내재해 있는 근본적인 앎, 대부분은 그 인간 자신에 의해 묵살되고 마는 앎이다. 이것은 자기가 '본래' 무엇인지, 어떤 존재로 살아야 하는지, 단 한 번 살아가는 유일무이한 존재로 지음받은 자신의 의미는 무엇인지에 대해 각 사람이 지니고 있는 앎이다. 바로 이 앎으로부터 이따금 (만일 그 앎이 완전히 활성화되면) 현재 자신의 모습과 비교가 이루어질 수 있다. 지금 나타난 자신의 모습을 하나의 형상Bild에 비추어 평가하는 것인데, 이 형상은 흔히 말하는 이상적인 인간 이미지가 아니고 인간이 오랫동안 꿈꿔 오던 것과도 무관하며, 인간 존재의 신비 자체, 곧 인격Person이라고 불리는 그것에서 나타난 것이다. 이런 비교와 평가를 통해, 그 순간 각 사람에게 제시된 수많은 태도와 행위, 넘치는 가능성이라는 악령에 맞서 확실한 자기 이름을 지닌 창조적 정신Genius이 들어선다. 이런 깊이에서 올라오는 결정과 결단을 우리는 선先양심Vorgewissen이라 불러도 될 것이다.

우리가 엄격한 의미에서 이해하는 종교적인 것이란 인간적인 인격이 절대적 존재와 맺는 관계인데, 여기서 그 인격은 하나의 총체로서 그 관계 속으로 들어가고 그 관계 속에 머무른다. 이 문장은 어떤 본질적 실재Wesenheit의 실존을 전제한다. 이 실재는 아무런 한계도 없고 아무런 조건에도 얽매이지 않지만 자기 외부의 다른 존재, 그것도 온갖 한계와 조건을 지닌 존재의 실존을 허용한다. 그리고 그 존재가 자신과의 관계 속으로 들어올 수 있도록 해준다. 그러므로 내가 제시하는 개념 규정에서 '절대적 존재'das Absolute는 인간적인 인격이 그 존재에 대해서 아무것도 말하지 못하면서 그저 그런 존재로 간주하는 뭔가가 아니라 절대적인 실재 자체를 의미한다. 물론 그 실재는 그[관계 맺음의] 순간에 인간의 인격에 다양한 형상으로 나타날 수 있다. 종교적 관계의 현실 속에서 절대적 존재가 인격의 모습으로 나타나는 일은 대개 ('생겨나지 않은 것'에 대한 인격적인 관계에서 탄생한 불교의 경우처럼) 하나의 종교가 형성되면서, 어떤 경우는 그 형성의 시기부터 일어난다. 그것도 서서히, 거부 반응과 함께 일어난다. 종교적 관계 안에서, 그 관계의 언어 안에서 신의 인격Person Gottes에 대해 말하는 것은 당연하다. 그러나 그것은 그 절대적 존재의 본질을 논하면서 그 본질을 인격성의 차원으로 축소하는 진술이 아니다. 여기서 말하는 것은, 그 절대적 존재가 관계 속으로 들어오는데, 절대적 인격의 모습으로 온다는 것이다. 우리는 그 인격을 신이라고 부른다. 우리는 신의 인격성Personhaftigkeit Gottes을 그의 행위로 이해할 수 있다. 그러므로 신앙인에게는 다음과 같은 고백이 허용된다. '신은 그 사람을 위해서 인격이 되셨다. 우리의 인간적인 특성으로 인해, 우리와 상호적으로 맺을 수 있는 관계는 오직 인격적인 관계밖에 없기 때문이다.'

그러나 관계가 없었다면, 관계가 있을 수 없다면, 여기서 말하는 엄밀한 의미에서 종교적인 것에 관해 이야기할 수 없다. 어떤 사람이 신이라는 개념을 쓰면서 그저 '만유'萬有, das Allsein를 생각할 때도 그렇다. 심지어 그 사람의 인격도 그 만유의 외부에서 어떤 특별한 본질로 존재하지 않는다. 그래서 관계를 맺을 수가 없다. 신의 외부에서 신과 관련을 맺는다고 해도 결과적으로 그는 언제나 그 만유 안에서 사라져 버린다. 또 어떤 사람은 신이라는 개념을 쓰면서 자신의 독특한 '자기'das Selbst를 생각하는데 그때도 마찬가지다. 아무리 복잡한 형태로 그것을 감춘다고 하더라도 그 유령의 방, 거울의 방에서 움직이는 것은 참된 관계와 아무런 관련이 없고, 참된 자기와도 아무런 관련이 없다. 왜냐하면 참된 자기는 오로지 타자와의 관계 속으로 들어갈 때만 드러나는 것이고, 그 관계를 사양하면 그 자기도 사멸하기 때문이다. 물론 이 과정은 이따금 인광燐光의 효과, 곧 비추는 빛이 사라진 어둠 속에서도 잔광이 남아 있는 것 같은 효과를 불러일으킨다.

인간의 정신이 윤리적인 것과 종교적인 것의 관계 속에서 변화의 길을 걸어가는 모습을 관찰하는 우리도 바로 이 깨달음을 꼭 붙잡아야 한다.

윤리적인 가르침과 종교적인 가르침을 비교하는 것으로는 윤리적인 것과 종교적인 것 사이에 있는 관계의 본질을 규정할 수 없다. 오히려 두 가지 영역이 구체적이고 인격적인 상황 속에서 강렬하게 드러나는 지점에서 두 영역을 파고들어야 한다. 우리가 관심하는 것은 한편으로 개인이 실제적인 삶에서 도덕적 결단을 내리는 상황이다. 다른 한편으로는 그 개인이 절대자와 맺는 실제적인 관계다. 두 경우 모두 그저 한 사람의 능력이 (그 사람의 생각이든 감정이든 의지든) 아니라 그 모든 것을 포괄하는 한 인간 전체에 주목해야 한다. 두 영역보다 우위에 있는 제3의 영역은 우리에게 주어져 있지 않다. 우리가 할 수 있는 것은 두 영역이 서로 마주하도록 하는 것뿐이다. 그 만남을 통해서 각 영역이 다른 영역과의 관계를 결정하는 것이다.

이제 두 영역의 관계를 좀 더 구체적으로 알아보기 위해 먼저 종교적인 것의 관점에서 그 관계를 살펴보자. 종교적인 것은 한 사람의 삶 전체에 자신의 빛을 던져 넣으려는 경향이 아주 강하다는 것을 보게 된다. 그 빛은 대대적인 구조의 변화를 일으키기 마련이다. 살아 있는 종교성은 살아 있는 에토스를 불러일으킨다. 그런데 윤리적인 것의 관점에서 두 영역을 따져 보면, 전혀 다른 모습이 우리 시야에 펼쳐진다. 인간이 자신의 영혼 속에서 추구하는 것은 구분Scheidung과 결단Entscheidung이다.˙ 인간은 가치의 서열을 구성하는 데 필요한 절대성을 자신의 영혼에서 길어 올릴 수 없다. 윤리적 문제의 경중을 판단하는 데 필요한 절대성은 오로지 절대자와의 인격적인 관계에서 나온다. 그 관계가 없다면 완전한 자기 성찰이 불가능하다. 어떤 사람은 특정 종교 전통에서 유래한 절대적 윤리 기준을 언급하면서 그것이 자기 자신의 윤리 기준인 것처럼 말하기도 한다. 그러나 이런 경우에도 그 기준이란 것이 그 사람과 절대자의 인격적인 관계, 본질적인 관계의 진리로 인해 새롭게 타올라야 진정한 구속력을 획득할 수 있다. 종교적인 것은 언제나 제공하는 쪽이고 윤리적인 것은 언제나 받는 쪽이다.

그렇다고 내가 이른바 도덕적 자율성 혹은 자기 법칙성에 맞서 이른바 도덕적 타율성 혹은 외부 법칙성을 옹호

---

· 부버에 따르면 인간의 영혼이 추구하는 것은 그저 '갈라놓음'의 수준이다. 독일어 Scheidung은 '나누다, 가르다, 구별하다, 이혼하다'라는 뜻의 동사 scheiden의 명사형이다. 그렇게 구분한 후 하나를 결단하는 것을 뜻하는 단어는 접두어 ent-가 붙어서 더 확고한 단절의 의미가 된다.

한다고 추정한다면, 그것은 나를 철저하게 오해한 것이다. 절대적인 것이 상호적인 관계 속에서 목소리를 낼 때는 이런 식의 양자택일은 있을 수 없다. 상호성의 온전한 뜻은 내가 상대방에게 일방적으로 뭔가를 부과하는 것이 아니라 상대방이 그것을 자유롭게 붙잡을 수 있도록 하는 것이기 때문이다. 우리에게 붙잡음$^{Ergreifen}$을 주는 것이 아니라, 붙잡을 만한 뭔가$^{etwas\ zu\ ergreifen}$를 준다. 우리의 행위는 철저하게 우리 자신의 행위여야 한다. 그래야 우리에게 분명히 밝혀져야 하는 것이 밝혀진다. 바로 그것이 각 개인에게 그 행위의 의미를 분명히 밝혀 줄 것이다. 신율의 세계에서 신적인 법은 너 자신의 법을 찾고, 진정한 계시는 너 자신에게 너 자신을 계시한다.[1]

○

인간의 역사 속에서 종교적인 것과 윤리적인 것의 관계를 충분히 이해하기 위해서는 바로 이 지점에서, 한 사람의 삶 속에 나타난 두 영역의 실제적 관계에서, 오직 이 지점에서 시작해야 한다.

---

[1] 부버는 자율(Autonomie)과 타율(Heteronomie) 너머에 있는 신율(神律, Theonomie)을 말하고 있다.

인간의 정신이 선과 악의 근본적인 구분을 절대적인 것과 연결하는 위대한 시도는 (지금까지 인간의 역사를 조망할 때, 그리고 그 역사를 인간의 관점에서 파악하려고 할 때) 두 번에 걸쳐 일어났다. 두 번의 현상은 그 성격과 과정이 완전히 다르다.

첫 번째 시도는 고대 중근동과 고대 그리스에서 있었다. 이는 의미의 보편적 연속성에 관한 가르침이다. 그 가르침의 핵심 원리가 중국에서는 도,[道] 인도에서는 리타,Rita 이란에서는 우르타, Urta(전통적으로는 아샤Ascha라고 읽는다) 그리스에서는 디케Dike로 나타났다. 이런 가르침에 따르면, 하늘의 권세가 인간에게 올바른 행동의 원형을 전달해 주었으나, 이것은 그 권세가 인간을 위해 생각해 낸 질서가 아니라 하늘 권세 자신의 질서다. 하늘은 땅을 위해 특별한 질서를 만들어 내는 것을 원하지 않는다. 그저 자신의 질서를 인간에게 나눠 주려고 할 뿐이다. 도덕적 질서는 우주적 질서와 동일하다. 존재하는 것의 총체성은 본질적으로 **하나의 법체계를 가진 하나의 사회**다. 조상이 신들의 모습으로 묘사되건, 신들과 조상이 주는 쪽과 받는 쪽의 관계이건, 궁극적으로는 신들과 인간이 그 의미와 특성에 따라 하나의 단일한 질서와 하나의 단일한 사회를 형성한다. 그리고 그 질서는 정의의 질서다. 물론 인간은 (때로는 신화에 나오는 신들도) 그 질서에서 이탈하기도 한다. 그러나 그 질서의 힘은 모든 사람 위에서 다스리며, 궁극적으로는 모든 사건의 맥락을 지배한다.

우리에게 알려진 세상에서 맞는 것과 맞지 않는 것, 옳은 것과 옳지 않은 것을 구분하고 결단하는 리타는 모든 존재의 우주적 에토스일 뿐 아니라 우주적 차원을 넘어서는 에토스다. 베다 경전에는 (인생의 경험을 통해 지각할 수 있는) "리타의 이면에 감춰진 너희의 리타"에 대한 찬송이 나오는데, 이것은 "태양의 준마駿馬에게서 고삐가 풀린 곳, 바로 거기서 영원토록 굳건히 서 있을 것이다." 조로아스터교의 초기 경전에 따르면, 육체를 창조한 최고의 신은 선한 행위를 행하게 하는 선한 생각과 헌신의 아버지이기도 하다. 중국의 『역경易經』은 그 핵심이 대단히 오래된 책인데, 그 책을 보면 "하늘과 땅은 헌신$^{Hingegebenheit}$ 속에서 움직인다. 그러므로 태양과 달은 제 궤도를 빗어나지 않는다." 헤라클레이토스가 에페소스(에베소)에 대해 말한 것도 다른 것 같지만, 근본적으로는 동일한 말이다. "태양은 제자리를 벗어나지 않는다. 만일 그런 일이 벌어진다면, 디케˙의 조력자들인 에리니에스˙가 태양을 반드시 찾아낼 것이다." 인간의 죄과를 찾아내서 복수하는 여신이 '세상의 거룩한

- ˙ 그리스 신화에 나오는 정의의 여신, 로마 신화의 유스티티아에 해당한다.
- ˙ 그리스 신화에 나오는 저주와 복수의 세 여신.

질서'를 감시하고 있다. 헤라클레이토스 이전에도 밀레토스 학파의 철학자 아낙시만드로스는 모든 존재자가 자신이 저지른 불의를 두고 서로에게 정의와 속죄를 행해야 한다고 말한다. 공자의 학파에서도 이런 목소리를 들을 수 있다. "하늘과 땅의 도 앞에서 책임을 질 수 있는 사람만이 남자라고 불릴 수 있다." 이런 문장들은 마치 한 책에 나오는 말처럼 서로를 보완한다.

소아시아의 그리스 문화권과 동양의 위대한 문화권에 나타난 사상의 위기는 유럽의 땅, 그리스에서 터져 나온다. 이 과정의 사상적 표현으로 우리가 알고 있는 것이 바로 소피스트들이다. 그들의 근본적인 비판은 윤리적인 것과 절대적인 존재의 결합을 겨냥한다. 그들은 우주를 하나의 단일한 모델로 보는 전통에 이의를 제기한다. 그리고 이 비판은 생물학적인 현상에 토대를 둔다. 우리 인간의 눈에 하늘의 몸, 곧 천체$^{天體}$는 완전한 일치를 이루고 있어서 아이스킬로스는 그것을 '제우스의 조화'라고 부르기도 하지만, 생명이 있는 곳에는 또 다른 원리가 지배한다. 그것은 강한 것이 약한 것을 다스린다는 원리다. 소피스트들 중에서도 극단적으로 개인주의적인 견해를 가진 자들은 그 원리에 근거해서, 인간 사회에서도 강자의 권리가 관철되어야 한다고 주장한다. 그러나 소피스트들 대다수는 약자들을 결집해 하나의 권력을 이뤄 내는 사회의 권리를 옹호한다. 인간의 사회가 무엇이 선하고 정의로운 것인지를 결정한다. 무엇이 그 사회를 유익하게 하는지도 사회가 정한다. 그것으로 끝이 아니다. 이 세상에는 단 하나의 사회만 존재하는 것이 아니라 수많은 다양한 사회들이 존재한다. 그래서 모든 사회가 그런 식이다. 그러므로 단 하나의 선, 영원한 선이 있는 것이 아니라 '다채롭고 다양한' 선이 있다. 달리 말해 이 모든 다채로움과 다양함의 뿌리가 되고 그런 것을 근본적으로 가능하게 만드는 근원적 기능, 곧 인간의 존재 자체에 내재한 근원적 긍정$^{Ja, 그래, 맞아}$과 부정$^{Nein, 아니야}$ 따위는 존재하지 않으며, 오로지 유동적인 도덕과 관습, 평가와 규정들이 있을 뿐이라는 것이다. 가장 위대한 소피스트는 이런 견해를 다음과 같이 요약한다. "인간은 만물의 척도다."•

이렇듯 모든 가치를 상대화하려는 흐름에 저항하면서, 윤리적인 것과 절대적인 존재의 결합을 다시 만들어 내고 이로써 인간의 구체적인 행동을 다시금 존재의 근원적 토대와 마주 세우려 했던 고대의 위대한 사상적 시도가 바로 플라톤의 이데아 사상이다. 그 의도를 견지했던 플라톤은 자신의 사상적 여정의 마지막에 이르러, 앞서 언급한 피타고라스의 선언과 정면으로 맞서는 주장을 내놓는다. "신은

---

• 기원전 5세기 고대 그리스의 대표적인 소피스트 프로타고라스의 주장이다.

만물의 척도다."

위대한 동방의 고대 문화에는 온 우주의 하나됨에 대한 깨달음이 있었고, 그 하나됨은 올바른 것<sup>das Richtige</sup>이 무엇인지 나타내고 있다는 깨달음이 있었으나, 그 깨달음이 흔들리기 시작했다. 인간에게 나타난 자연은 한편으로는 조화로운 우주, 다른 한편으로는 끝없이 불화하는 생명계로 양분되었다. 일단 이런 혼란이 일어나자, 사물의 세계는 인간에게 더 이상 원형이나 모형으로 다가오지 않았다. 그 사물의 세계 너머에 순수한 형체로 이루어진 원형적인 세계, 손으로 만질 수 없는 세계가 존재해야 했다.

플라톤이 의도한 것은 필연적으로 이런 상부 세계의 건설이며 그 세계의 꼭대기에는 선의 이데아 혹은 신이 있다. 부정적인 것을 누르고 긍정적인 것이 드러나게 하고 결단을 일으키는 인간의 본연적 기능의 존재 근거, 곧 영원한 에토스 자체가 절대적인 것의 최고 '형태'가 된다. 바로 그 "선, 그리고 있어야 마땅한 것"이 모든 존재를 하나로 연결하고 결합한다. 플라톤은 사상적으로 전례가 없는 명확함으로 인간에게 막중한 과제를 부여하는데, 그 과제란 옳음의 무조건성을 자신의 인격으로써 실현하는 것이다. 이데아는 사물을 통해 객관적으로 '모방'되는데 이것이 주체성 안에서, 또한 주체성을 통해서 '올바르게 됨'<sup>das Richtigwerden</sup>의 정신적 행위로 변모한다. 이렇듯 윤리적 기능을 초월적인 기능으로 지정하는 일은 사유의 가장 대담한 시도를 통해서 가능해진다. 그것은 선善이 "존엄과 능력이라는 면에서 존재를 능가한다"는 생각이다. 선은 "모든 옳은 것과 아름다운 것의 근원"으로서 각 개인이 존재할 수 있도록 하는데, 이것의 목적은 개인이 그저 존재하는 것이 아니라 그 개인이 원래 의도되었던 그것을 완전하게 이루는 것이다. 긍정된 것과 부정된 것의 구분Scheidung은 긍정을 통해 부정을 극복하는 방향으로 나아가는데, 이 구분은 그 자체로는 아직 구분되지 않은 존재보다 위에 있다. 인간은 그 구분 속에서, 그 구분의 궁극적 깊이 안에서 신의 신비에 다가간다. 존재가 아니라, 아마도 그 완전함이 신이라고 불릴 수 있기 때문이다. 플라톤은 말한다. "만일 한 사람이 인식 자체를 통해 선 자체를 파악할 때까지 멈추지 않는다면, 그는 인식할 수 있는 것의 마지막에 이르게 된다." 그러나 선은 어디서 인식하게 될까? 플라톤은 이 물음에 대해 특별한 답을 주지 않는다. 다만 우리는 그의 사상에 기대어 다음과 같이 대답할 수 있다. 선은 선 자체가 개인에게 드러날 때, 그리고 그 개인이 자신의 온 존재를 기울여서 자신이 본래 되어야 할 그런 개인이 되고자 결단할 때 비로소 인식된다. 실제로 (그 일이 영혼 속에서 일어나건, 세계 속에서 일어나건) 선이 나타나는 것보다 신비로운 일은 없다. 그 빛에서 보면, 이 세상의 모든 비밀스러운 종교적 가르침은 어떤 식으로든 배워서 익힐 수 있는 규약에 불과하다. 그러나 "존재를 능가하는" 존재와 인간이 맺는 본질적인 관계는 배워서 익힐 수 있는 것erlernbar이 아니라 오직 일깨워질 수 있는 것erweckbar이다.

○

고대 오리엔트의 문화권에 최고 가치의 절대성을 보증했던 하늘의 세계, 전형前形, Vorbild으로 서 있던 하늘의 세계가 무너진 자리에 이데아의 세계를 세우려 했던 플라톤의 사상적 모험은 (그 영향력이 강력하고 지속적이기는 했지만) 성공하지 못했다. 이미 시작된 과정은 계속 진행되었고 결국 윤리적 가치 질서의 절대성이 해체되었으며, 그런 상황이 지속되면서 옛 세계는 혼돈에 빠졌다.

인간 정신의 역사에서 선과 악의 근본적인 구분을 절대적 존재와 연결한 또 하나의 위대한 시도는 (앞서 말한 것처럼 그 성격과 과정은 완전히 다른 것이었지만) 이미 오래전에 첫 단계를 마감한 상태였다. 그 시도의 출발점은 한 대륙을 지배했던 고등 문화의 맥락이 아니라, 가축을 기르거나 소작농으로 살아가던 사람들의 무리였다. 그들은 고등 문화를 발전시킨 이집트에서 반은 독립적이고 반은 강제적으로 노역을 해서 근근이 목숨을 이어 가는 이방인이었는데,

그 이집트에서 나와 거주할 땅을 찾아 나섰다. 그 여정에서 어느 오아시스에 이르렀고 거기서 신과 언약을 맺게 되었다. 그 "이스라엘의 하나님"은 의로움의 수호자였다. 이것은 다른 셈족의 부족신들의 경우도 마찬가지였다. 그러나 그 하나님과 맺은 언약은 의와 불의를 진지하게 구분하고 그 구분을 구체적으로 요구하고 관철했는데, 이런 특징은 다른 어떤 부족에게서도 찾아볼 수 없는 것이었다. 그들은 그때 새로운 민족으로 태어났다. 그들의 정신적인 지도자들이 계속해서 강조한 것, 점점 더 확실하게 강조한 것이 있다. 그것은 "온 땅의 재판관"이신 그분이 그들을 자기 백성으로 불러내시고 그분의 정의를 실현하게 하셨다는 사실이다. 그러므로 정의, 곧 의의 보증, 불의의 극복은 이미 천상에서 구현된 어떤 것, 그래서 인간에게 하나의 전형이 되는 어떤 것으로 간주되지 않았다. 모든 것을 결정하는 주체는 우주의 질서가 아니라 그 질서 위에 계신 분, 하늘과 땅의 주님이다. 그분이 인간을 직접 창조하셨다. 그분이 이 세상을 창조하실 때 빛과 어둠을 구분하셨던 것처럼, 인간의 영혼도 선과 악을 구분해야 한다고 명령하신다.

사람들은 이스라엘 백성에게서 나타난 윤리적인 것과 종교적인 것의 결합을, 하늘의 신이 명령을 내리면서 지키지 않으면 처벌하겠다고 협박하는 이미지로 떠올리곤 한다. 그러나 이는 핵심을 놓친 것이다. 시내산에서 받은 법은 신적인 통치자가 즉위의 순간에 그의 백성에게 부여한 법률 체계, 곧 헌법으로 이해되어야 한다. 이 헌법의 모든 규정은 (제사와 관련된 것이든 윤리와 관련된 것이든) 규정 그 자체의 영역을 넘어 '거룩함'의 영역으로 인도하려는 의도를 가지고 있다. 이 모든 것의 목표는 '선한' 백성이 되는 것이 아니라 '거룩한' 백성이 되는 것이다. 그러므로 여기서 모든 도덕적 요구는 그 사람들을, 곧 그 백성을 새로운 영역으로 들어올리기 위한 요구다. 그곳은 윤리적인 것이 종교적인 것과 완전히 동화되는 영역, 한 걸음 더 나아가 신적인 것의 숨결로 인해 윤리적인 것과 종교적인 것의 차이가 사라지는 영역이다. 이것은 목표 설정의 근거에서 가장 명확하게 드러난다. 목표는 이스라엘이 거룩해지는 것이며 그 근거는 "내가 거룩하기 때문이다."•

인간이 신을 닮는 것, "그분의 길을 따르는 것"은 당연히 신의 성품을 기준으로 이루어질 수 있다. 인간의 에토스를 향한 신의 성품, 곧 공의와 사랑이 기준이다. 모든 성품은 신의 성품을 닮아 가는 과정을 통해 단순히 성품의 차원 너머에 있는 거룩함의 차원으로 들어간다. 물론 인간은 그 거룩함과는 근본적으로 다른 차원, 곧 인간적인 차원에서

---

• 예컨대 레 19:1. "너희의 하나님인 나 주가 거룩하니, 너희도 거룩해야 한다."

그 성품을 빚어 간다. 절대적인 규범은 하나의 길을 제시하고 그 길은 인간을 절대자 앞으로 인도한다.

그러나 윤리적인 것과 종교적인 것의 결합을 위해서는 전제 조건이 필요하다. 그것은 신이 창조한 인간이 바로 그 신에게서 자립성을 보장받은 상태라는 사실이다. 이 자립성은 이후에도 훼손되지 않고 그대로 남아 있다. 인간은 자립적인 존재로서 신과 마주한다. 인간은 완전하게 자유롭고 독창적인 존재로서 신과의 대화에 참여하며 이 대화는 인간 실존의 핵심을 구성한다. 신의 능력과 지식이 무한함에도 불구하고 인간에게 이런 지위가 보장되었다는 사실이야말로 인간 창조의 신비다. 그리고 이것이야말로 인간의 영혼이 어떤 경우에도 실행하는 것, 곧 구분과 결단의 근거다.

이스라엘이라는 원천에서 솟아 나온 후 다른 강력한 물살, 특히 이란과 헬라에서 밀려온 물살이 유입되면서 더욱 강력하게 이 세상에 쏟아져 들어온 그리스도교라는 강물은, 헬레니즘 문화권에서, 특히 그 문화권의 종교에서 개인의 요소가 들어와 민족의 요소를 몰아내던 때에 발생했다. 그리스도교는 '거룩한 백성' 사상을 포기하고 오직 인격적인 거룩함에 집중하는 한 '헬레니즘적'이다. 이로써 개인주의적 종교성은 역사상 그 유례를 찾아볼 수 없는 강력함과 내면성을 획득하게 된다. 특히 본질적으로 형상 없음을 특징으로 하는 이스라엘의 하나님에 비해, 언제나 현존하는 그리스도의 형상은, 개개인이 그 형상을 뒤따르고 본받음으로써 훨씬 더 구체적인 관계를 맺을 수 있도록 해주었다. 이스라엘의 하나님은 스스로를 계시하시는 분이지만, 그만큼 스스로를 숨기시는 분이다. (물론 사람들이 흔히 말하는 것처럼 '숨어 계신' 분은 결코 아니다.) 그분은 자신을 어떤 확실한 모습으로 고정하지도 않으시고, 한 번 자신을 드러내셨다가도 다시 물러서신다. 그 옛날 이스라엘처럼 언약 백성으로 그 하나님과 근본적인 관계 속에 있었지만, 그리스도교를 받아들인 민족들의 경우는 그렇지 않았다. 그렇다고 아무런 중재자도 필요 없는 직접적인 관계를 맺을 수 있었던 것은 아니다. 윤리적인 것과 종교적인 것의 관계는 그 과정에서 큰 타격을 입게 된다. 민족 전체가 거룩해지는 것은 아예 고려되지 않는다. 혹은 진지하게 고려되지 않는다. 한 민족이 새로운 신앙을 갖게 된다면, 민족 전체의 차원에서 그렇게 되는 것이 아니라, 수많은 개인으로 모인 하나의 집합체가 그 신앙을 받아들인 것으로 봐야 한다. 집단적인 개종이 일어난 경우라고 해도 민족 전체의 차원에서는 세례를 받지 않은 상태인 것이다. 그리스도교가 말하는 새로운 언약$^{Bund}$은 한 민족 전체가 대상이 되는 것은 아니다. 이것은 무엇을 의미하는가? 공적인 삶, 그리고 이른바 선한 양심을 가지고 거기 참여하는 한 인간의 삶 속에 거룩하지 못한 것이 나타났을 때, 민족 전체의 거룩함을 위해 그것을 질책하고 바로잡는 사명을 감당할 강력한 정신의 힘이 있어야 하고, 이스라엘의 예언 전통은 바로 그 사명을 감당했지만, 그리스도교에서는 더 이상 그럴 수 없게 되었다는 의미다. 그리스도교의 역사에서도 정의를 위한 싸움 속에서 자신을 불태우며 순교할 각오가 되어 있는 사람들이 없지 않았지만, 그들 속에는 "너희는 나에게 거룩한 민족이 되어야 한다"는 의식이 생생하게 살아 있지 않았다.

그런데 얼마 후 다른 변화, 훨씬 더 심각한 변화가 나타났다. 그리고 이것도 종교적인 것의 근본적인 종주권이 그 자체로는 논리적이고 합리적으로 발전하게 된 것과 관련된다. 이스라엘에서 예언자적 가르침의 핵심을 형성했던 것은 순수하게 신앙적 지향$^{Glaubensintention}$에서 수행되는 삶의 행위였다. 그리고 신앙적 지향은 인간의 가장 깊은 곳에 있는 움직임이다. 예언자들은 신앙적 지향이라는 알맹이를 잃어버린 제사 행위와 맞서 싸웠다. 예수 시대에 그들의 후예들은 신앙적 지향이라는 알맹이를 잃어버린 도덕적인 행위와 맞서 싸웠다. 위대한 바리새파 스승들, 그리고 예수 자신도 이 투쟁의 대열에 속했다.

그런데 바울의 신학과 바울주의 신학은 신앙을 위해서 행위의 가치를 깎아내렸다. 사실 신앙적 지향은 신앙으로부터 행위를 이끌어 내려는 지향이기 때문에 신앙과 행위를 하나로 결합하려는 요구이며, 최초의 문서 예언자들로부터 시작해서 예수의 산상설교에 이르기까지 하나님이 기뻐하시는 것을 선포한 자들의 근원적 요구였는데, 그 신학은 이 요구가 제대로 발휘되도록 하지 않았다. 아우구스티누스로부터 종교개혁자들에 이르기까지 그 흐름에 있는 사람들은 신앙을 하나님의 선물로 이해하려는 경향을 보였다. 그 숭고한 사상, 그리고 그와 결부된 모든 것으로 인해, 인간이 하나님 앞에 서 있는 자립적인 파트너라는 신비로운 사상, 이스라엘 민족의 신비는 어둠 속에 묻혀 버렸다. 원죄 교리도 윤리적인 것과 종교적인 것의 근원적 결합을 (진정한 '신율'은 인간의 신실한 '자율'을 통해 바로 그 결합을 실현하고자 하지만) 촉진하는 데 적절한 것은 아니었다.

하늘과 땅이 서로 호응하고 있음을 가르쳐 왔던 아시아의 위대한 문화권에서는 규범적 원리가 신학적 원리와 분리되지 않는다. (여기서 신학은 종교의 자기 해석을 의미한다.) 여기서 진리의 규범적 측면에는 단 하나, 곧 인간 지향적인 측면이 있다. 이스라엘의 가르침에서 에토스는 종교의 내재적 기능이다. 단지 하나의 측면이 아니라 직접적인 작용이다. 그리스도교는 하나님의 필연적 은혜에 대한 이스라엘의 믿음에 절대적인 성격을 부여한다. 그러나 그리스도교에서는 규범Norm이 ("새로운 율법"으로 등장하기는 하지만) 핵심적인 지위를 갖지 못한다. 그 대신 세속 규범이 손

쉽게 그 자리를 차지하게 된다. 국가의 모습으로 나타난 세속 규범은 '왕권신수설'을 비롯하여 여러 가지 다른 방법을 통해 종교적인 것의 절대적 토대를 차지하려고 한다. 그러나 윤리적인 것과 절대적인 것의 진정한 결합은 점점 드물어진다.

○

윤리적인 것을 절대적인 것과 결합하려는 두 번째 위대한 시도의 위기는 우리 시대까지 이어지고 있다. 첫 번째 시도의 위기와 마찬가지로 이번 위기의 사상적 표현도 모든 가치의 상대화를 추구하는 철학적 움직임으로 나타났다. 물론 지금의 철학은 과거 소피스트들보다는 훨씬 정교한 주장을 펴고 있다. 17세기에 이미 홉스와 같은 사상가들이 내놓은 생각은 그 위기의 전주곡과 같은 것이었다. 그들의 사상은 몇 가지 면에서 기원전 5세기의 유명한 소피스트 문서(이암블리코스의 익명의 저자 Anonymus Iamblichi)에 나오는 표현을 연상시킨다. 그러나 결정적인 변화는 19세기에 이르러 단행된다. 그 변화는 되돌림의 철학 혹은 꿰뚫어 봄의 철학이라고 부를 수 있는 관찰 방식에서 시작된다. 그런 철학을 완성한 니체는 그것을 '불신의 기술'die Kunst des Mißtrauen 이라고 부른다.

이 철학은 과거 소피스트들과 마찬가지로 생물학적 관점을 사회학적·심리학적 관점과 연결하고, 정신의 세계는 기만과 자기기만의 결합체, '이데올로기'와 '숭고화' Sublimierung의 결합체에 불과하다는 것을 폭로하려고 한다. 이 철학의 진정한 시작은 루트비히 포이어바흐의 종교 비판이다. 그는 인간이 만물의 척도라고 했던 프로타고라스의 선언을 거꾸로 돌려놓은 것 같은 방식으로 재구성하여 다음과 같이 요약했다. "인간이 아닌 것, 그러나 인간이 그렇게 되고자 원하는 것, 혹은 그렇게 소망하는 것, 바로 그것, 오직 그것, 다름 아닌 그것이 곧 신이다." 포이어바흐의 사상은 그대로 카를 마르크스에게 이어진다. 다만 마르크스는 이런 식의 주장은 형이상학적이며, 역사적이지 않고, 진정한 의미가 없다고 본다. 마르크스는 잠바티스타 비코 Giambattista Vico, 1668-1744의 영향을 받아 역사적 인식 외의 다른 인식은 인정하지 않는다. 그는 한편으로 포이어바흐의 명제를 모든 종교적·도덕적·정치적·철학적 사상으로 확대하고, 다른 한편으로 그 모든 사상을 역사적 과정에 배치함으로써 그 명제를 변형한다. 그가 말하는 역사적 과정은 생산 조건의 변화와 거기서 유발된 갈등의 관점에서 이해할 수 있다. 그때그때의 도덕에는 지배 계급의 존재 조건이 이상적으로 표현되어 있으며, 계급 투쟁이 지속되는 한 선과 악의 모든 구분은 계급 투쟁의 기능에 불과하며, 모든 규범은 지배의 표현이거나 그 지배를 관철하기 위한 무기에 불과하다. 이것은 변화하는 도덕적 내용뿐만 아니라 도덕적 평가 그 자체에도 해당한다.

니체의 도덕 비판이 역사적 영역에 머물러 있는 것이라면, 객관적으로 볼 때 그것은 (물론 니체는 그것을 의식하지 못했지만) 마르크스의 이데올로기 이론의 변형으로 이해할 수 있다. 니체에게 역사적인 도덕들은 지배 계층과 피지배 계층 간에 이루어지는 권력 투쟁의 표현이고 수단이다. 이런 도덕은 피지배 계층 쪽에서도 나오는데 바로 이것이 '노예 도덕'이다. 니체는 그리스도교를 노예 도덕으로 파악하고 여기에 주의를 기울였다.

도덕이란 것이 역사적으로 발생했다는 견해의 근저에는 가치 생성적 견해, 곧 수많은 가치와 그 변화가 "가치를 부여하는 자의 권력 확대와 관련"을 맺고 있다는 견해가 있다. 그리고 이 견해의 근저에는 다시 또 하나의 형이상학적 견해, 곧 정신의 생명은 다른 모든 생명과 마찬가지로 '권력에의 의지'Wille zur Macht라는 유일한 원리로 환원될 수 있다는 견해가 자리하고 있다. 그런데 니체에게서 한 가지 특이한 변화가 일어난다. 그것은 권력에의 의지와 맞서고 있는 '노예 도덕'이 도덕 일반과 동일시된다는 것이다. 니체 자신이 긍정했던 '주인 도덕'이란 것이 아예 존재하지도 않는 것처럼 된 것이다. 한편으로 니체는 생물학적으로 근거가 있는 도덕을 선포한다. "나는 약하게 만드는 모든 것에 대한 '아니오'Nein를 가르친다. 나는 강하게 만드는 모든 것에 대한 '그렇소'Ja를 가르친다." 그러나 다른 한편, 니체는 도덕에 대한 회의가 결정적인 것이며 우리 시대는 도덕적 세계관 몰락의 시대라고 선언한다. 그 몰락의 마지막은 허무주의, 곧 자신이 대변하는 허무주의라고 말한다. 그 허무주의가 의미하는 바는 "최고의 가치들이 무가치해지는 것"이고 그 결과 현존재는 목표를 상실하게 된다. 이제 허무주의가 극복될 수 있는 유일한 길은 "인류 위에 있는, 개인 위에 서 있는" 목표가 창조되는 것이다. 이것은 니체의 위버멘쉬 사상을 통해 현존재의 새로운 목표, 의미, 가치가 세워지는 것을 의미한다. 물론 그는 이 모든 것이 그의 다른 사상, 곧 동일한 것의 영원 회귀ewige Wiederkunft 사상, 그 자신이 "허무주의의 가장 극단적인 형식"이며 의미 없는 것의 영원화Verewigung des Sinnlosen라고 말한 그 사상에 의해 이미 해체되었다는 사실을 유념하지 않았다.

니체는 그 이전의 근대 사상가들이 대부분 알지 못했던 사실, 곧 윤리적 가치의 절대성은 우리 자신과 절대적 존재와의 관계에서 나온다는 사실을 철저하게 알고 있었던 사람이다. 그리고 그는 인류의 역사 속에서 지금 이 시대를 "신에 대한 믿음, 그리고 본질적인 도덕적 질서에 대한 믿음이 더 이상 유지될 수 없는" 시대라고 이해했다. 그의 결정적인 표현은 "신은 죽었다!"라는 외침이다. 그러나 니체가 이 선언을 견뎌 낼 수 있었던 것은 그것을 종점Endpunkt이 아니라 전환점Wendepunkt으로 간주했기 때문이다. 그는 신을 잃어버린 사람들을 위해 신을 구해 내는 일종의 탈출구와 같은 사상을 찾아내려고 한다. 그는 이렇게 말한다. "종교는 도덕에 대한 믿음 때문에 붕괴한다. 그리스도교적-도덕적 신은 유지될 수 없다." 그러나 여기서 절대적인 무신론, 곧 "다른 어떤 종류의 신도 존재하지 않는 것처럼" 여기는 무신론이 곧바로 도출되는 것은 아니다. 새로운 신이 아니라도 신을 대체할 만한 존재가 인간에게서 나와야 하는데 그것이 바로 '위버멘쉬'Übermensch, 저 너머의 인간이다. 그리고 이것은 새로운 가치, 삶을 긍정하는 가치의 척도이기도 하다. 이 개념을 토대로 새로운 생물학적 가치의 등급이 세워지는데, 여기서는 신-악의 가치가 강-약의 가치로 대치된다. 그런데 여기서도 니체는, 강-약의 가치 안에 내재한 모호성이 기존의 선-악의 가치에 들러붙어 있던 모호성보다 훨씬 더 심각하다는 사실을 주목하지 않는다.

니체는 말한다. "소피스트들은 모든 강력한 정신이 자신의 부도덕성을 알기 위해 필요한 용기를 지니고 있다. 소피스트들은 그리스인이었다. 소크라테스와 플라톤이 덕과 정의의 편을 들었을 때, 그들은 유대인이었다. 혹은 나도 뭔지 모른다." 니체는 자신이 완성한 허무주의를 자신이 직접 극복하려고 했다. 그러나 실패했다. 여기서 그가 실패했다는 말은 플라톤이 실패했다고 말할 때의 그 뜻이 아니다. 플라톤이 실패했다는 말은 역사가 흐르면서 그의 사상이 아무런 성과를 내지 못했다는 뜻이다. 그러나 니체가 실패했다는 말은 (이데아에 대한 가르침과는 달리) '위버멘쉬'에 대한 가르침은 아예 가르침이 아니라는 뜻이다. 선의 이데아를 통해 규정된 가치·단계의 경우와는 달리, 강-약의 가치 단계는 아예 가치 단계가 아니라는 뜻이다.

오늘 우리가 서 있는 상황은, 스스로를 완성하고 극복하려고 시도했으나 결국 실패해 버린 허무주의의 영향을 받고 있다. 그러나 우리가 그 허무주의로부터 배울 수 있는 것이 한 가지 있다. 그것은 오로지 도덕적인 체계만으로는 지금 이 상황에서 변화된 다른 상황으로 나아갈 수 없다는 것이다.

# 윤리적인 것의
# 일시 중지에 관하여

19세기 그리스도교의 위대한 진·위폐 검사관˙ 쇠렌 키르케고르의 책 중에서 내가 청년의 때에 읽은 첫 번째 책은 『두려움과 떨림』이다.: 이 책은 성서의 이야기 중에서 이삭을 제물로 바치는 장면을 집중적으로 다룬다. 내가 지금까지도 그 시간을 떠올리는 것은, 바로 그때 처음으로 윤리적인 것의 범주와 종교적인 것의 범주 간의 관계를 깊이 생각해 봐야겠다는 충동을 강렬하게 느꼈기 때문이다.

이 책은 아브라함에게 일어난 시험을 중심으로 '윤리적인 것이 목적론적으로 일시 중지되는 일'teleologische Suspension des Ethischen이 존재한다는 것을 설명한다. 다시 말해 윤리적인 의무의 구속력이 때때로 더 높은 어떤 것, 가장 높은 것, 그것의 의도에 따라 일시적으로 중지될 수 있다는 것이

˙   원문의 Erzprüfer는 화폐를 보고 진폐(진짜 화폐)와 위폐(가짜 화폐)를 판별하는 검사관을 뜻하는 옛 독일어다. 부버는 키르케고르야말로 그 당시 그리스도교를 보면서 그런 역할을 하는 사상가라고 여긴 것이다.
:   쇠렌 키르케고르, 『두려움과 떨림』, 이창우 옮김(카리스아카데미, 2025).

다. 만일 하나님이 한 사람에게 아들을 죽이라고 명령한다면, 이 상황이 지속되는 동안에는 그 비도덕적인 사건의 비도덕성은 해체된다. 한 걸음 더 나아가, 어느 때는 절대적인 악이 분명한 그 사건이 이 상황이 지속되는 동안에는 절대적인 선이 된다. 왜냐하면 그것이 하나님의 뜻에 맞기 때문이다. 보편적인 것, 보편적으로 타당한 것이 버티고 있던 자리에 전적으로 하나님과 개인의 인격적인 관계에 기초한 것이 들어선다. 이로써 보편적인 것과 보편적으로 타당한 것, 윤리적인 것이 상대화된다. 이것의 가치와 법칙은 무조건적인 것에서 조건적인 것으로 자리를 옮긴다. 윤리적인 것의 영역에서 의무인 것이 하나님을 향한 절대적 의무와 충돌하면서 더 이상 절대성을 지니지 못하게 되기 때문이다. 키르케고르는 묻는다. "그렇다면 의무란 도대체 무엇인가? 사실상 의무는 하나님 뜻의 표현이다." 달리 말해 하나님이 선과 악의 질서를 정하시고, 하나님이 원하실 때는 그 질서를 깨뜨린다. 그것도 사람마다 다르게 나타난다.

키르케고르는 이 "사람마다"von Person zu Person라는 말의 치명적인 심각성을 극단적으로 강조했다. 그가 더할 나위 없이 분명하게 설명한 것처럼, 이런 시험은 '하나님의 선택을 받은 자'라고 불릴 만한 사람만 받는다. 그는 묻는다. "하지만 누가 그런 사람인가?" 키르케고르는 자기 자신은 그런 신앙의 용기, 곧 모든 것을 신뢰하면서 눈을 감고 부조리 속으로 뛰어드는 데 필요한 용기를 지닌 사람이 아니라는 사실을 여러 차례 강조한다. 아브라함이 감당한 저 역설적인 '신앙의 움직임'을 감당해 내는 것은 자신에게는 불가능한 일이라고 말한다. 그러나 우리가 생각해 봐야 할 것이 또 하나 있다. 키르케고르는 자신이 엄격한 의미에서 '단독자'單獨者, der Einzelne가 되려고 투쟁했지만 그것을 파악하지는 못했으며, 그럼에도 자신의 묘비에 '저 단독자'라는 말을 넣으려는 마음을 먹은 적이 있다고 말했다. 다양한 징후를 통해 추론할 수 있는 것처럼, 아브라함이 자신의 아들을 바치면서도 그 아들을 잃지 않으리라 믿었던 모습을 (키르케고르는 그 과정을 이렇게 이해한다) 써 내려가던 키르케고르의 영혼에는 하나의 기억이 자리하고 있었다. 그것은 불과 일 년 전 자신이 사랑하는 약혼녀와 맺은 언약을 깨면서도 어떤 이해할 수 없는 차원에서는 여전히 그 언약을 지킬 수 있다고 생각했던 날에 대한 기억이다. 언젠가 그는 이 언약에 맞서 "신적인 저항이 있었다"[80]고 해석하기도 했다. 물론 키르케고르가 이 부분을 항상 확신했던 것은 아니었다. 그는 『두려움과 떨림』이 출간되던 해에 이런 문장을 쓰기도 했다. "내가 신앙을 지녔더라면 그녀 곁에 머물렀을 것이다."

이제 이 사건은 하나님, 곧 스스로 세운 윤리적 질서를 깨뜨리시는 하나님과 아브라함 사이의 상황에서 벗어나 새로운 영역으로 진입한다. 이곳은 성서 이야기에 나타난 것보다 훨씬 불확실한 영역이다. 키르케고르는 이렇게 말한다. "이삭과 관련된 더 세부적인 설명은 단독자가 오직 자기 스스로 제시할 수 있어야 한다." 이 말이 분명하고 정확하게 의미하는 바는 단독자가 이런 설명을 하나님에게서 전해 듣지는 않았다는 것, 적어도 오해할 여지 없는 확실한 음성으로 듣지는 않았다는 것이다. 하나님은 그에게 희생을 요구한다. 그러나 어떤 희생인가? 이것은 단독자의 해석에 맡겨져 있으며, 어쨌거나 그 해석은 그 순간 그의 삶의 정황에 따라 결정된다. 그런데 성서의 목소리는 얼마나 다르게 들리는가! "너의 아들, 네가 사랑하는 유일한 아들, 이삭"을 바쳐라. 여기서는 다르게 해석할 여지가 전혀 없다. 이 말씀을 듣는 인간은 자신에게 요구되는 것이 무엇인지를 정확하게 전해 듣는다. 이렇게 말씀하시는 하나님은 그 어떤 수수께끼도 건네지 않으신다.

하지만 우리는 아직까지 가장 결정적인 문제에 도달하지 않았다. 그 문제는 키르케고르가 아브라함을 아가멤논과 비교할 때 비로소 대두된다. 아가멤논은 자신의 딸 이피게니아를 희생 제물로 바치려고 한다. 비극적인 영웅 아가멤논은 '보편적인 것', 다시 말해 자기 민족이 달성하려는 목표로 인해 그런 요구를 받고 있으므로, 사실상 "윤리의 경계 안에 머물러 있다." 그러나 '신앙의 기사騎士' 아브라함은 그 경계를 넘어선다. 가장 중요한 사실은 아브라함이 이 경계를 역설적인 신앙의 움직임으로 뛰어넘는다는 것이다. 그렇지 않다면 이 모든 것은 '악마의 시험'Anfechtung이며, 희생 제물의 준비는 살인 준비이며, "아브라함은 파멸이다." 그리고 이 일은 '절대적인 고립' 속에서 결정된다. 키르케고르는 말한다. "신앙의 기사가 유일하게 지닌 것은 자기 자신뿐이다. 이것이 끔찍하게 두려운 것이다."

그 결단을 내리는 데 도움을 줄 수 있는 사람이 이 세상에 아무도 없다는 점에서 이 말은 옳다. 그러나 여기서 키르케고르는 아브라함의 세상에서는 전혀 전제되지 않았던 것, 그러니까 우리가 사는 세상에서는 더더욱 전제할 수 없는 어떤 것을 전제하고 있다. 신앙의 결단이라는 문제적 상황은 반드시 들음의 상황을 전제한다는 것을 키르케고르는 주목하지 않는다. 지금 들려오는 목소리는 누구의 목소리인가? 그리스도교 전통에서 성장한 키르케고르에게 답은 자명하다. 지금 희생을 요구하고 있는 존재는 다름 아닌 하나님이다. 그러나 성서, 특히 구약성서에서 이것은 무조건 자명한 것이 아니다. 결코 해서는 안 되는 행동을 "부추기는" 일이 어떤 때는 하나님이 하신 일(삼하 24:1)처럼 서술되기도 하고, 어떤 때는 사탄이 한 일(대상 21:1)로 기록되기도 한다.

물론 아브라함은 과거에 자신에게 고향을 떠나라고 명

령했던 목소리, 그렇게 말하는 이가 누구인지 말하지 않았지만, 그것이 하나님의 목소리라는 것을 깨달았던 그 목소리를 다른 목소리와 혼동할 수 없었을 것이다. 그리고 하나님이 실제로 아브라함을 "시험"했을 수도 있다. 극단적인 요구를 통해서 인간의 본질 깊은 곳에 있는 가장 내밀한 헌신의 가능성을 이끌어 내는 것이다. 그 가능성을 언제든 실행에 옮길 수 있는 완전한 지향의 상태까지 끌어올려서 하나님과 그의 관계를 철저하게 실현시키도록 한 것일 수도 있다. 그의 지향과 행위 사이에 방해가 될 만한 것이 전혀 없을 때, 하나님은 그가 언제든 실행에 옮길 자세를 갖춘 것만으로 만족스러워하면서 그 행동을 막으신 것일 수 있다.

하지만 이 사건은 전혀 다른 방식으로 볼 수 있다. 죄 많은 인간은 하나님에게 속죄하기 위해 아들을, 어쩌면 아주 사랑하는 아들을 제물로 드려야 하는지 그렇지 않은지 알 수가 없다(미 6:7). 몰록은 하나님의 목소리를 모방한다. 오히려 하나님은 사람에게 (하나님이 선택하신 아브라함은 아니지만 너와 나에게) 오직 정의와 사랑을 요구하신다. 그리고 이 사람이 하나님과 함께 "겸손히 행하는 것"을 원하신다. 달리 말해, 철저하게 윤리적인 것 이상을 요구하지 않으신다.

그러므로 윤리적인 것의 '일시 중지'가 문제가 될 때 가장 중요한 질문, 다른 모든 질문보다 선행되어야 할 질문은 이것이다. '당신이 들은 말은 정말 절대적인 존재가 건 넨 말인가? 아니면 그분의 모방자 가운데 하나가 건넨 말인가?' 여기서 한 가지 주목할 만한 것이 있다. 성서가 들려주는 바에 따르면, 단독자에게 말씀하시는 하나님의 음성은 "부드럽게 떠오르는 침묵의 목소리"(왕상 19:12)이며,˙ 반면에 몰록의 목소리는 어마어마한 굉음을 동반한다. 그러나 특히 우리가 살고 있는 시대에는 그 둘을 구분하기가 너무나 어려워 보인다.

지금은 윤리적인 것의 일시 중지가 캐리커처 같은 모습으로 인간 세계를 가득 메우고 있는 시대다. 절대자의 모방자가 오래전부터 땅 위를 어슬렁거리고 있다. 어둠 속에서 들려오는 목소리는 인간에게 자꾸만 너의 이삭을 바치라고 요구한다. 바로 여기서 중요한 것이, 오직 단독자 스스로 지금 자신이 그 이삭에게 무엇을 해야 하는지 치열하게 생각해 내는 것이다. 과거의 모든 시대에는 인간 마음의 방에 절대자의 이미지가 내장되어 있었다. 때로는 희미하지만 때로는 확연한, 대개는 부정확하지만 그럼에도 진실한 이미지, 잠시 꿈속에 나타난 영상처럼 덧없어 보이지만 그럼에도 영원의 표징을 지닌 이미지였다. 그 이미지의 현

---

˙ 부버와 로젠츠바이크가 함께 옮긴 구약성서의 번역이다. 개역개정은 "세미한 소리", 새번역은 "부드럽고 조용한 소리", 공동번역은 "조용하고 여린 소리"로 옮긴다.

존이 충분한 것은 아니었지만, 그럼에도 한 사람이 그것을 자기 내면에 구체적으로 간직하고 살아가는 한, 오로지 그 현존에 의지하여 이런저런 목소리의 속임수에 넘어가지 않을 수 있었다.

그런데 니체의 "신은 죽었다!"라는 선언 이후에는 상황이 달라졌다. 실제로 이 말은 인간의 마음에 있는 이미지의 능력Bildkraft이 마비되고 있음을 의미한다. 인간의 눈이 절대자의 나타남을 간파할 수 없게 된 것이다. 거짓 절대자가 인간의 영혼을 지배하고, 그 영혼은 참된 절대자의 이미지로 거짓 절대자를 격퇴할 수 있는 능력을 잃어버렸다. 모든 곳에서, 인간 세상의 모든 영역에서, 동쪽이든 서쪽이든, 좌측에서든 우측에서든 거짓 절대자들이 아무런 거리낌 없이 윤리적인 것의 방어선을 뚫고 들어와서 너에게 "희생제물"을 요구한다. 나는 상태가 양호한 젊은 영혼들에게 묻는다. "왜 너는 너의 가장 소중한 것, 너의 인격적인 진정성을 바치는가?" 그때마다 이런 대답을 듣는다. "바로 이것, 가장 중대한 제물을 바쳐야 합니다. 그래야…" "그래야 평등이 도래합니다." 혹은 "그래야 자유가 도래합니다." 뭐가 오든 마찬가지다. 그리고 그들은 착실하게 제물을 바친다. 몰록의 세계에서는 정직한 자도 거짓말을 하고, 자비로운 자도 고문을 한다. 그들은 실제로, 그리고 진심으로 이렇게 말한다. "형제를 죽이는 것이 형제 사랑의 길을 여는 것이다!" 모든 우상 숭배 중에 가장 끔찍한 이것으로부터 도무지 벗어나지 못하는 것처럼 보인다.

인간의 새로운 양심이 되살아나기 전까지는 거기서 벗어날 길이 없다. 인간은 다시 일어난 그 양심의 목소리를 듣고 깨어나, 자기 영혼의 근원적 힘을 끌어올려 조건적인 것과 무조건적인 것의 뒤바꿈에 맞서고, 그 속임수를 꿰뚫어 보고, 그것을 넘어서야 한다. 언제라도 그 거짓 절대자에 대해서는 결단코 현혹되지 않는 감시의 눈을 부릅뜨고 끝까지 그것의 한계를, 언제나 한계에 처할 수밖에 없는 성격을 발견해야 한다. 결코 사라지지 않는 나타남, 곧 절대자의 나타남을 간파해 낼 수 있는 시력을 다시 일깨우려면 오늘날에도 다른 길은 없을 것이다.

# 신,
# 그리고 인간의 정신

이 책에서는 종교와 철학의 관계에 관한 정신사적 논의를 토대로, 신을 비롯하여 모든 절대성이 비현실적인 것이 되는 과정의 후반부에 이르러, 철학이 어떤 몫을 감당하고 있는지를 다루려고 한다.

그렇다면 여기서 그 철학의 맞은편에 있는 종교는 어떤 종교를 말하는가? 사람들이 흔히 '종교'라는 이름으로 부르는 그것에는 수많은 발언, 표현, 모임의 어마어마한 총체가 있다. 때때로 사람들은 신을 찾기보다 그런 것을 원할 때가 많다. 하지만 여기서 말하는 종교는 그런 것이 아니라 본질적으로 '신을 꼭 붙잡는 것'Festhalten Gottes이다. 이것은 인간이 신을 생각하며 만들어 낸 어떤 이미지를 붙잡는 것과는 전혀 다르다. 인간이 신에 대해 품고 있는 믿음을 붙잡는 것도 아니다. '실제로 존재하는 신을 꼭 붙잡는 것'Festhalten des seienden Gottes이다. 땅은 태양의 관념을 (혹시 그런 것이 있다면) 붙잡거나 태양과의 관계를 붙잡는 것이 아니라, 태양 자체를 꼭 붙잡고 있다.

그렇다면 이런 종교의 맞은편에 있는 철학은 무엇인가? 그것은 오래전 인간의 자립적인 성찰로부터 시작하여 오늘날 그것의 위기에 이르기까지의 과정으로 볼 수 있으며, 그 과정의 최종 단계는 사상적으로 신에게서 떨어져 나오는 것Loslassen Gottes이다.

이 과정의 시작은 다음과 같다. 철학 이전의 인간은 살아 있는 신을 향해 부르기만 했다. 절망적인 외침 혹은 황홀함의 외침으로 부르던 그것이 때로는 신의 첫 번째 이름이 되기도 했다. 그런데 그 살아 있는 신을 어떤 것,Etwas 사물들 가운데 하나의 사물,Ding 본질들 가운데 하나의 본질,Wesen 그것Es으로 떠올리며 생각하는 것으로는 만족하지 못하게 되었다.

철학함의 시작은 이런 '어떤 것'을 상상이나 소망이나 감정의 대상Gegenstand이 아니라 개념적으로 파악할 수 있는 객체,Objekt 사유의 객체로 만드는 것을 의미한다. 그것을 (그 모든 것 안에 있는 그것이 말하고 대답하고 누군가를 직접 부르는 것을 들었기 때문에) '말'Logos, 로고스이라고 부르든, 혹은 (인간이 그것을 제한하기 위해 세워 놓은 모든 한계를 뛰어넘었기 때문에) '무한'Apeiron, 아페이론이라고 부르든 말이다.※ 신을

- ※ '아페이론'은 아낙시만드로스가 기원전 6세기에 언급한 것으로, 그리스어 ά('아'='없다')와 πεῖραρ('페이라르'='끝, 한계')가 합쳐진 말이다. 아낙시만드로스는 '아페이론'이 모든 것의 시작이라고 했다.

생생하게 눈앞에 떠올리고 바라보기 위해 이런 개념적 체계를 거부할 경우에는 두 가지 선택지가 있다. 하나는 대개 부정확한 형태로 나타나는 그 표상을 개념적 체계 곁에 두고 참아 주는 것이다. 그러다가 결국 그 체계와 동일한 것, 최소한 그 체계에 철저하게 의존된 것으로 여기는 것이다. 다른 하나는 생각할 능력이 없는 인간이 궁색한 변명을 위해 끌어다 쓰는 저급한 대체 수단쯤으로 낮춰 보는 것이다.

철학함이 계속되면서, 인간 정신은 자신의 이런 구상, 곧 어떤 적합한 사유의 객체가 된 절대자를 결국 자기 자신, 곧 인간 정신과 독특하게 융합하려는 경향을 보이고 있다. 처음에는 인간의 정신이 사유를 통해 관념$^{\text{Idee}}$을 바라보았다. 그런데 그 과정이 지속되다가 결국, 이 관념을 생각하고 있는 정신의 잠재성이 곧 관념 자체가 된다. 그 잠재성은 인간 정신 안에서 현실성이 될 것이다. 원래 주체$^{\text{Subjekt}}$라는 것은 바라봄의 기능을 하기 위해 존재에게 주어진 것으로 간주되었는데, 이제는 그 존재가 스스로 존재를 창조했으며, 지금도 존재를 창조하고 있다고 선언한다. 급기야 아무 구속 없이 떠다니는 주체성 속에서 우리에게 다가오는 모든 것, 우리에게 닥쳐오는 모든 것, 우리에게 파트너로 마주하는 모든 실존, 모든 상대방이 해체되고 만다.

그다음 단계는 이미 우리에게 익숙해진 단계다. 그것은 스스로를 궁극적인 것으로 이해하고 자신의 궁극성을 맘껏 유희하는 단계다. 인간 정신은 자신이 만든 모든 작품에 대한 지배권이 자신에게 있다고 여기며 절대성의 개념, 절대자의 개념을 파기한다. 인간 정신은 자신이 모든 사물을 지탱하는 자, 모든 가치를 주조하는 자라고 생각할 수도 있다. 그러나 사실 그는 절대성 자체를 없애 버림으로써 자신의 절대성까지 없애 버린 것이다. 독자적인 본질로서의 정신이란 결코 존재할 수 없다. 그저 그런 이름이 붙은 제품, 인간 개개인이 만든 제품이 존재할 뿐이다. 그 개개인은 정신이란 것을 지니고 있다가 가래나 오줌처럼 배설한다. 진작부터 그 정신이란 것에 '결함이 발생'해서 치워 버리지 않았다고 하더라도, 그 개인에게 가장 실제적인 죽음의 고통 속에서는 그것을 '포기'할 것이다.

이 단계에 이르러서야 비로소 사상적으로 신을 완전히 놓아 버리는 일이 일어난다. 그래야 철학이 신을 붙잡고 있던 두 손을 스스로 잘라 버리는 셈이 될 테니 말이다.

그러나 이와 비슷한 과정이 다른 영역, 곧 종교(일반적이고 넓은 의미의 종교)의 발전 속에서도 일어난다.

믿음이라는 관계Glaubensbeziehung의 실재, 곧 인간이 신적인 것의 얼굴 앞에 서는 것, 긴밀한 대화의 인류 역사는 초창기부터 저 위의 권력을 휘두르려는 충동 때문에 위험에 처하곤 했다. 인간은 그 사건을 자신에게 뭔가를 요구해 오는 하나의 부름으로 이해해야 하건만, 그 소리를 듣지는 않고 자기 스스로 뭔가를 요구하려고 한다. 그 인간은 이렇게 말한다. "나는 내가 주술로 불러낸beschwören 신비한 힘을 내가 원하는 대로 다스릴 수 있다." 이런 일은 인간이 진정한 '너'를 향하지도 않고 '너'의 임재를 의도하지도 않은 상태에서 종교적 제의를 거행하는 곳에서 온갖 다양한 형태로 일어난다.

믿음의 관계를 대적하는 또 하나의 사이비 종교적 세력은 (주술적인 불러냄Beschwörung처럼 그렇게 원초적인 효과를 가진 것은 아니지만) 지성의 원숙한 힘을 이용한 '폭로'Enthüllung다. 여기서 인간은 명백한 것, 명백하게 드러난 것을 감춰진 것과 분리하는 휘장을 치워 버리고 스스로 신적인 신비를 연기하려는 태도를 드러낸다. 그 인간은 이렇게 말한다. "나는 아직 알려지지 않은 것도 잘 알고 있으니 내가 그것을 알려 주노라." 오늘날 기술자가 발전기를 다루듯이, 과거에는 마술사가 붙잡고 부리던 이른바 신적인 '그것'의 실체를 영지주의자는 고스란히 까발린다. 신적인 기계 장치를 다 노출한다. 이런 경향을 물려받은 것은 '신지학'神智學, Theosophie의 여러 지류, 그와 유사한 학문들만이 아니다. 일부 신학에서도 주석이라는 명목으로 모든 것을 폭로하려는 몸짓이 발견된다.

우리는 종교를 '구출'하겠다고 나선 최근의 종교철학에서도 '나-너'의 관계를 '나-그것'의 관계로 바꿔치기하는 일이 다양한 형태로 일어나고 있음을 본다. 이 관계에서 '나'는 '종교적 감정'의 '주체', 실용주의적인 믿음의 결단으로 부당한 이익을 얻는 자, 그와 유사한 자로서 계속해서 전면에 부각된다.

그러나 이 모든 것보다 훨씬 중요한 것은 종교적 삶의 가장 깊은 곳으로 파고드는 과정인데, 우리는 이것을 믿음 행위의 주체화Subjektivierung라고 부를 수도 있을 것이다. 이것의 본질을 가장 명확하게 드러내는 것이 바로 기도다.

우리는 신을 향한 인간의 말을 함축적 의미의 기도라고 부른다. 무엇을 구하든 결국 기도는 신적인 임재Gegenwart가 드러나기를 간청하는 것이며, 그 임재가 대화로 느낄 만한 것이 되기를 간청하는 것이다. 그러므로 진정한 기도의 유일한 조건은 인간이 온전하게 그 임재를 준비하는 것, 아무런 가식 없이 그것을 향해 있는 것, 무조건적인 자발성Spontaneität이다. 뿌리로부터 올라오는 자발성, 오직 그것만이 모든 방해와 교란을 이길 수 있다. 그러나 주체화된 성찰의 단계에서는 기도하는 사람의 집중력만이 아니라 그의 자발성 자체도 공격을 받는다. 공격자는 그 사람 안에 있는 의식, 저 너머의 의식Überbewußtsein이다.\* 그가 기도한다는, 그가 **기도한다는**, 그가 기도한다는 의식이다. 그리고

---

• '위버멘쉬'와 유사한 맥락 및 함의를 지닌 조어다.

이 공격자는 격퇴가 불가능해 보인다.

무언가를 향하는 사람이 자기가 뭔가를 향하고 있다는 것을 아는 것, 그 주체로서의 앎,$^{Subjektwissen}$ 행동 속으로 진입하지 않는 나머지-자아$^{Rest-Ich}$의 물러섬은 (그 입장에서 보면 그 사람은 하나의 대상이다) 순간을 빼앗아 버리고 그 순간의 자발성을 없애 버린다. 특히 현대인, 하지만 아직 완전히 신을 떨쳐 내지 못한 인간은 이것이 무엇인지를 알고 있다. 현존하지 않는 자는 현존을 자각하지 못한다.

우리는 이것을 제대로 이해해야 한다. 지금 문제가 되는 것은 그저 현대인에게 나타나는 특이한 사례가 아니다. 자기 자신의 행동을 보면서도 관찰자이고자 하는 현대인의 병적인 성향만 문제 삼는 것이 아니다. 인간이 절대자에게 가장 부정한 짓을 할 때는 그가 절대자에게 충성을 맹세할 때다. 그 부정함이 깊은 신뢰의 표현 속에서 영향을 미치는 것은 절대자와 그의 관계다. 신을 꼭 붙잡는 것처럼 보이던 그의 시선은 이제 어둠에 가려진 초월$^{die\ verfinsterte\ Transzendenz}$에 머물러 있다.

우리는 바로 지금, 신이 어둠에 가려지는 일$^{Gottesfinsternis}$이 일어나고 있다고 말하는데 그것은 도대체 무슨 뜻인가?\* 우리는 이 비유를 쓰면서 다음과 같은 무시무시한 사실을

---

\* 독일어 '핀스터니스'(Finsternis)는 '어둠', '암흑'을 뜻하는 말인데, 천문

전제한다. 우리가 우리의 '영혼의 눈'Geistesauge으로 (더 정확히 말하면 본질의 눈Wesensauge으로) 하나님을 우러러볼 수 있다는 사실이다. 이것은 마치 우리가 육신의 눈으로 태양을 바라볼 수 있는 것과 같다. 또한 이 땅과 태양 사이에 뭔가가 끼어들 수 있는 것처럼, 우리의 실존과 그분의 실존 사이에도 뭔가가 끼어들 수 있다는 사실이다. 우리는 본질을 바라보는 눈길이 존재한다는 사실도 전제한다. 어떤 환상에도 물들지 않은 눈길, 아무런 이미지도 제시하지 않지만 모든 이미지를 가능하게 만드는 눈길이 있다. 이 세상에서 이런 눈길을 판별해 낼 수 있는 지위를 가진 것은 믿음밖에 없다. 이것은 증명할 수 있는 것이 아니라 오로지 경험할 수 있는 것이다. 인간은 그것을 경험했다. 그런데 또 다른 하나, 곧 그 사이에 끼어드는 것, 그것까지도 경험하고 있는 것이 오늘의 인간이다. 나는 그것을 알아챈 이후로 내 지식이 허락하는 한 최대한 자세하게 그 문제에 관해 말해 왔다.

인간에게는 이중의 본성이 있다. 하나는 '아래'로부터 끌어올린 본질이고 다른 하나는 '위'로부터 보냄을 받은 본질이다. 이런 이중의 본성이 인간의 근본적인 특성의 이중

---

학에서는 일식(日蝕, Sonnenfinsternis)이나 월식(月蝕, Mondfinsternis)처럼 한 천체가 다른 천체에 가려져 그 일부나 전체가 어두워지는 현상을 가리킨다.

성을 구성한다. 이것은 개별적인 인간의 '대자적 존재'Für-sich-Sein(자기 자신과 마주한 존재)의 범주가 아니라 '인간과 함께 있는 인간 존재'Mensch-mit-Mensch-Sein의 범주로만 파악할 수 있다. 보냄을 받은 존재로서 인간은 자기 앞에 있는 존재자der Seiende를 마주하며 살아간다. 끌어올린 존재로서 인간은 자기 옆에 서 있는 이 세상의 모든 존재자 옆에 머무른다. 첫 번째 범주는 '나-너'의 관계에서 생생하게 실현된다. 두 번째 범주는 '나-그것'의 관계에서 나타난다. 두 번째 관계는 우리를 '존재자'의 측면까지는 데려가지만, 그것의 '존재'Sein까지는 인도하지 못한다. 다른 사람이 나에게 '너'가 되지 못하면, 그 사람과의 가장 친밀한 접촉도 그 측면에 가로막힌다. 어떤 존재자와 나 사이의 본질적인 직접성을 일으키는 관계, 저 첫 번째 관계만이 그 존재자의 여러 측면이 아니라, 그 존재자 자체에게로 인도한다. 물론 이것은 그와의 실존적인 만남 속으로 들어감을 의미하는 것이지, 그의 존재를 예컨대 하나의 실물처럼 객관적으로 관찰할 수 있다는 뜻은 아니다. 객관적인 관찰이 시작되면 하나의 측면만 남을 뿐이며, 계속해서 하나의 측면만 드러난다.

그런데 우리가 신과 마주하는 것은 오로지 '나-너' 관계 안에서만 가능하다. 왜냐하면 다른 모든 존재자와는 철저히 달리 신에게는 어떤 객관적인 측면이 없기 때문이다.

비전이라는 것도 어떤 사물을 보는 것과 같은 관찰은 아니다. 충만한 '나-너' 관계가 지나간 후에도 그 관계의 잔상,Nachbild 뒤에 남은 이미지를 붙잡으려는 사람은 그 바라봄을 이미 상실한 것이다.

그러나 '나-그것'의 관계 속에 있는 나, '나-너'의 관계 속에 있는 나는 똑같은 나가 아니다. 주위에 있는 존재를 관찰의 대상, 계획과 이용의 대상, 또한 구제와 지원의 대상으로 보고 그렇게 대할 때의 '나'가 있다. 반면에 자신의 온 존재를 기울여 다른 존재와 마주하고 본질적인 관계 속으로 들어갈 때의 '나'가 있다. 두 '나'는 다른 나로서 말하고 행동한다. 다른 나로 존재한다.

자기에게 두 가지가 다 있다는 것을 아는 사람은 지금 내가 무슨 말을 하는지 알고 있다. 자기에게 그 둘이 다 있다는 것, 계속해서 그 둘이 나타난다는 것을 알게 되는 것, 그것이 인간의 삶이다. 그 둘이 인간의 현존재를 구성한다. 그러므로 결국 중요한 것은 그 둘 중에서 누가 건축 기사가 되고 누가 보조 노릇을 하느냐 하는 것이다. 좀 더 정확히 말하면, '나-너'의 관계가 건축 기사가 되느냐, 그렇지 않으냐 하는 것이다. 너무나 자명하지만 '나-너'의 관계란 본성상 보조 노릇을 할 수가 없기 때문이다. '나-너'의 관계가 명령하는 자리에 있지 않다면 그것은 이미 사라지고 있는 것이다.

우리 시대에는 '나-그것'의 관계가 어마어마하게 팽창했다. 거의 아무런 방해도 받지 않고 모든 것을 차지하고 다스릴 기세다. 이 관계 속의 '나', 모든 것을 소유하고 모든 것을 만들고 모든 것을 능숙하게 다루는 나, 그러나 '너'를 말할 수 없는 나, 어떤 존재를 온 존재를 기울여 만날 수 없는 나! 그가 이 시대의 주님der Herr der Stunde이다. 자기 주변에 있는 모든 '그것'을 가지고 모든 것을 할 수 있는 '나'Ichheit는 너무나 당연하게도 신을 인정하지 않는다. 인간이 아닌 다른 근원으로부터 나타나는 절대적인 것, 진정한 의미의 절대자를 인정하지 않는다. 그 '나'가 끼어들어 우리에게서 하늘의 빛을 차단한다.

이것이 우리 시대의 모습이다. 다음 시대는 어떤 모습일까? 한 시대의 특성은 다음 시대의 숙명이라는 말은 현대의 미신이다. 사람들은 그 미신이 시키는 대로 무엇을 할 수 있는지, 또 무엇이 허용된 것인지 받아들이고 있다. 시류를 거슬러 헤엄칠 수는 없다고 말하기도 한다. 그러나 혹시 전혀 새로운 물결과 함께 헤엄칠 수도 있지 않을까? 그 근원이 어디에 있는지 감춰져 있는 새로운 물결과 함께 말이다. 이것을 다른 이미지로 표현해 보자면 다음과 같다. '나-너'의 관계가 지하 묘지에 들어갔다. 그러나 그 관계가 얼마나 더 큰 힘이 되어 나올지 누가 말할 수 있을까! '나-그것'의 관계가 언제 다시 조수 자리로 물러나 조수의 역할을 맡게 될지 누가 말할 수 있을까!

인간이라는 가능성, 몸으로 나타나는 그 가능성의 역사에서 가장 중요한 것은 때마다 발생하는 대전환, 여태껏 눈에 보이지 않고 주목받지 않던 힘이 주도하는 대전환 Wende이다. 물론 모든 시대는 이전 시대의 연속이다. 그러나 그 연속은 승인일 수도 있고 거부일 수도 있다.

이름을 붙일 필요가 없는 어떤 일이 저 깊은 곳에서 일어나고 있다. 내일이라도 그것이 저 위에서 손짓하는 일이 일어날 수 있다. 신의 불빛이 어둠에 가려졌다고 해서 아예 꺼져 버린 것은 아니다. 내일이라도 그 사이에 끼어든 것이 옆으로 물러설 수 있다.

부록

# 융의 반론에 대한
# 응답

융의 대답과 관련해서는 그의 주장을 근거로 나의 의도를 다시금 분명히 밝히는 것이면 충분하다.

그는 내가 그의 정신의학적 경험 자료의 구성 요소 일부를 의문시하고 있다고 말하는데, 나는 그런 적이 없다. 나에게는 그럴 권한이 없다. 나는 그의 심리학 명제를 비판하지도 않았다. 그것 또한 나의 관심사가 아니다. 다만 내가 명확히 짚어야 했던 것은, 그가 종교적 대상에 관한 주장을 피력할 때 정신의학과 심리학의 영역을 (자신은 엄격하게 그 안에 머물렀다고 주장하지만) 넘어섰다는 점이다. 성실한 독자라면 내가 인용한 융의 글을 하나하나 검토하면서 내 말이 맞는지 그른지 확인할 수 있을 것이다. 내가 꼼꼼하게 각주를 달고 출처를 밝혔으니 그것을 확인하는 일은 어렵지 않을 것이다. 그런데 융은 이를 부정한다. 그가 어떤 방법에 기대고 있는지, 그의 반론을 직접 살펴보면서 해명하려고 한다.

나는 융이 "신적인 작용은 자신의 내면에서 나온다"는

주장을 '사실'Tatsache로 표기하고 있다는 점을 지적했다. 그리고 그는 신이 "그 자체로 존재한다"고 믿는 '정통적인 견해'와 이 사실을 대치시킨다. 그는 신이 인간의 주체와 분리된 채로는 존재하지 않는다고 설명한다. 여기서 논란이 될 만한 질문이 제기된다. '신은 그저 심리적 현상에 불과한가? 아니면 인간 심리와 무관하게 존재하기도 하는가?' 융은 이렇게 답한다. "신은 그 자체로 존재하지 않는다." 우리는 이 질문을 또 이렇게 표현해 볼 수 있다. '신앙인이 신적인 작용(하나님이 일으키신 일)이라고 부르는 일은 단지 자신의 내면에서 나온 것인가? 아니면 인간 정신 너머의 어떤 존재가 있는 것인가?' 융은 이렇게 답한다. "그런 것은 모두 자신의 내면에서 나온다." 나는 이 부분을 지적한 것이다. 이런 식의 주장은 심리학자가 할 수 있는 적절한 주장이 아니다. 인간 정신 너머에 무엇이 존재하는지 혹은 존재하지 않는지, 인간 정신이 아닌 다른 곳에서 오는 작용이 어느 정도 있는지를 판정하는 것은 심리학자가 할 일이 아니다.

그러자 융은 이렇게 반박한다. "나는 오로지 무의식에 대해 그런 판단을 내린 것이다." 그리고 이렇게 말한다. "내가 분명하게 말하지만, 신에 대해 말하고 있는 모든 것, 그야말로 모든 것은 [강조 표시는 부버가 한 것] 인간적인 진술이다. 다시 말해 심리적인 것이다." 그러다가 얼마 후에는 신기하게도 자신의 주장을 조금 제한해서, 자신은 "신에 대한 모든 진술이 일차적으로는 영혼에서 나온다"는 견해라고 밝힌다.

이 문장 중 일단 첫 번째 문장을, 위에서 내가 정리한 융의 명제와 나란히 놓고 생각해 보자. 무의식의 여러 가지 힘 가운데 하나를 강조하기 위해 그것의 작용이 자신의 내면에서 나온다고 설명하는 것, 혹은 그 힘이 인간의 주체와 분리된 채로 존재하지 않는다고 설명하는 것은 (이미 '무의식'이라는 말이 전문 용어로 자리를 잡은 상황에서) 말도 안 되는 동어반복이다. 이런 식의 주장은 "무의식이라고 지칭하는 심리적 영역은 심리학적이다"라는 주장과 전혀 다를 바 없다. 그의 명제는 그 자체로 부정을 함축하면서 무의식의 힘의 영역과 심리의 영역을 완전히 넘어설 때라야 어떤 의미를 띠게 된다. 그런데 융은 자신의 주장이 그런 의미를 지니고 있다는 사실을 부인하고 있다. 그리고 그는 신에 대한 모든 진술이 '인간적인 주장'이며 '다시 말해 심리적인 것'이라는 주장을 굽히지 않는다. 이 문장은 좀 더 면밀하게 살펴볼 필요가 있다.

나는 이 전제의 토대 외에 다른 방식으로 토론을 이어갈 수 있는 가능성은 없다고 본다. (원칙적으로 나는 나의 신앙을 토론에 끌어들이지 않고 인간적인 대화를 할 때만 극히 제한적으로 꺼내 놓는다. 하지만 완전한 명료함을 도모하기 위해 여기서 한 가지는 미리 밝혀 둔다. 계시에 대한 나의 신앙은—결코 '정통'과 혼동되어서는 안 된다—신에 대한 완벽한 진술이 하늘에서 땅으로 내려왔다고 믿는 신앙이 아니다. 나의 계시 신앙이 의미하는 것은, 인간의 본질이 갑작스럽게 그 인간을 엄습한 신의 불꽃에 의해 녹아 버리고 그 자리에 말이 생겨나는데, 그 발언의 형태와 의미는 인간적이어서 철저하게 인간의 생각이자 언어이지만, 그럼에도 그 발언은 이 모든 일을 일으킨 존재와 그의 뜻을 증언한다는 믿음이다. 우리는 우리 자신에게 계시된다. 우리가 그것을 발언할 수 있는 유일한 길은 '계시된 것'으로 발언하는 것이다. 다른 방법은 없다.) 신에 대한 진술만이 아니라 모든 진술이 '인간적'이다. 그런데 이 표현이 그 말의 진리 여부를 (긍정적이든 부정적이든) 확인해 주는가? 여기서 중요한 구분은 심리적인 진술이냐 비심리적인 진술이냐의 구분이 아니라, 심리적인 것 너머의 현실과 부합하는 심리적 진술이냐 그런 부합성이 없는 진술이냐 하는 것이다. 그러나 심리학이라는 학문에는 그런 구분을 할 수 있는 권한이 없다. 만일 그런 일을 하겠다고 나선다면 오만하고 잘못된 월권일 뿐이다. 이 영역에서 심리학이라는 학문에 적합한 태도는 신중한 물러섬의 태도다. 융은 그러지 않고, 신은 인간과 분리되어서는 존재할 수 없다고 주장한다. 왜 그런가? 다시 한번 살펴보자. 만일 이것이 (신이라고 부르기는 하지만) 하나의 원형에 대한 진술이라면, 그것이 심리적 요인이라고 강력하게 단언할 필요가 전혀 없다. (그것이 심리적 요인이 아니고 무엇이란 말인가?) 하지만 그것이 그 심리적 요인과 어느 정도 상응하는 초超심리적 존재에 대한 진술이라면, 다시 말해 그런 존재는 존재하지 않는다는 진술이라면, 이것은 바람직한 물러섬의 태도가 아니라 허락도 받지 않고 선을 넘는 행위다. 우리는 결국 그의 재기 넘치는 모호함에서 빠져나오려는 것이다!

그러나 융은 인간이 신에 대해서 그야말로 수없이 다양한 이미지를 가지고 있고 그것은 모두 인간 스스로 만든 것이라면서, 내가 그 사실을 주목해야 한다고 말한다. 나야말로 그것을 전부터 알고 있었으며, 다양한 방식으로 언급하고 설명해 왔다. 하지만 본질적인 것은 그것이 말 그대로 이미지에 불과하다는 사실이다. 신앙인이라면 그 누구도 자신이 신의 사진이나 마술적인 거울 이미지를 가지고 있다고 생각하지 않는다. 내가 그것을 그렸다, 우리가 그것을 그렸다는 사실을 모두가 알고 있다. 그러나 그것은 이미지, 형상에 불과하다. 그 이미지들이 "표현하고 있는", 다시 말해 생각하고 있는 형상 없는 존재에 대한 신앙의 지향 Glaubensintention 안에서 그리는 것이다. 어떤 존재자를 향한 신앙의 의도는 다양한 경험으로 인해 신앙을 지니고 있는 사람들에게는 (다른 면에서는 전혀 공통점이 없다고 하더라도) 공통적인 것이다. 융이 자신의 글에서 오해할 여지 없이 명확하게 동일시하고 있는 '현대적 의식'das moderne Bewußtsein은 신앙을 "혐오한다." 그러나 엄격하게 심리학적인 것을 표방하는 진술 속으로 그 혐오의 결론을 끌어들이는 것은 옳지 않다. 심리학이든 그 밖의 다른 어떤 학문이든, 하나님 신앙의 진리 여부를 검토할 만한 권한이 없다. 그런 학문의 대표자들은 거기서 거리를 두는 것이 바람직하다. 자신의 학문 영역 안에서 그 신앙에 대해 평가하면서, 자신이 잘 아는 어떤 것처럼 말하는 것은 적절하지 못하다. 그런데도 그리한다면, 그는 신앙을 모르는 사람이다.

인간의 신비를 다루는 영혼의 가르침이 그 신비를 대하는 믿음의 태도를 제대로 알지 못한다면, 그 가르침은 영지주의의 현대적 변형이다. 영지주의는 그저 역사적인 범주가 아니라 인간의 보편적인 범주로 이해해야 한다. 신앙의 실재와 맞서는 근본적인 원수는 (기존의 신 이미지를 모두 내던져 버려야 하므로 신을 없애 버리는 무신론이 아니라) 영지주의다. 그 영지주의의 현대적 변형이 특히 나의 관심을 끈 것은 그것의 대대적인 비판 때문만이 아니다. 그것이 심리치료$^{Psychotheraphie}$라고 가르치는 내용이 그 옛날 카르포크라테스파의 경향, 곧 인간의 본능을 신앙 안에서 거룩하게 하는 대신 신비주의적으로 신격화하는 경향을 받아들였기 때문이기도 하다.˙ 나는 융이 바로 이런 맥락에 있다는 것을

---

· 알렉산드리아의 카르포크라테스(Carpocrates of Alexandria)는 기

그의 글을 통해 증명했으며, 이 문제를 훨씬 더 풍성하게 다룰 수도 있다.

---

원후 2세기 전반의 영지주의자다. 그를 따르는 카르포크라테스파 (Carpocratian)는 자유분방한 삶을 살았던 것으로 알려져 있다.

# 주

1 최근에는 하이데거도 이 연관성을 지적한 바 있다. 헤겔은 1802년에 쓴 논문 『신앙과 지식*Glauben und Wissen*』에서 "신 스스로가 죽었다"*Gott selbst ist tot*라는 말로 "근대의 종교가 토대로 삼고 있는" 감정의 본질을 표현하려고 했다. 그는 이를 설명하기 위해 파스칼이 말한 "잃어버린 신"을 근거로 든다. 그러나 이 세 가지 표현[인용 부호 안에 있는]은 하나의 길 위에 있는 세 개의 서로 다른 단계를 가리킨다.
2 이 저작은 칸트 전집 학술원판*Akademieausgabe*으로 1936/1937년에 출간되었다.
3 *L'existentialisme est un humanisme*(1946), 21. 장 폴 사르트르, 『실존주의는 휴머니즘이다』, 박정태 옮김(이학사, 2008).
4 위의 책, 33-34.
5 *Situations I*(1947), 153, "Un nouveau mystique"
6 위의 글.
7 사 45:15.
8 *Situations I*, 앞의 글.
9 위의 책, 154.
10 위의 책, 237, "Aller et retour" 단락. 1942년에 쓴 것으로 추정됨.
11 *L'être et le néant*(1943), "L'existence d'autrui" 단락.
12 *Situations I*, 앞의 글.
13 위의 책, 334, "La liberté cartésienne" 단락.
14 *L'être et le néant*, 286-287, 341.
15 *L'existentialisme*, 33-34.
16 위의 책, 47.
17 위의 책, 36. (도스토옙스키와 니체의 유명한 문장 외에) 요제프 폰 함머

Joseph von Hammer, 『암살자 이야기』*Die Geschichte der Assassinen*(1818) 34: "참된 것은 없으며 모든 것이 허용된다는 사실이 비밀스러운 가르침의 토대였다." 또한 그 책의 93 참조.

18  위의 책, 89.
19  *Holzwege*(1950), 193 이하, "Nietsches Wort, 'Gott ist tot'" 단락. 마르틴 하이데거, 『숲길』, 신상희 옮김(나남, 2020).
20  *Vom Wesen des Grundes*(1929), 28.
21  *Platons Lehre von der Wahrheit. Mit einem Brief über den Humanismus*(1947), 102-103.
22  위의 책, 75.
23  위의 책, 85-86.
24  *Erläuterungen zu Hölderlins Dichtung*(1944), 2. Aufl.(1951), 44, "Hölderlin und das Wesen der Dichtung" 단락.
25  위의 책, 26.
26  위의 책, 27.
27  위의 책, 201, 1943년 "Andenken" 단락.
28  *Platons Lehre*, 76.
29  *Erläuterungen*, 66, 1941년 "Wie wenn am Feiertage" 단락.
30  *Erläuterungen*, 37.
31  "Die Selbstbehauptung der deutschen Universität", 22.
32  "Freiburger Studentenzeitung", 1993년 11월 3일.
33  *Erläuterungen*, 73.
34  여기서 우리가 주목해야 할 것은, 하이데거의 후기 저작에서 '사유'$^{das}$ $^{Denken}$라는 표현은 자기 자신의 사유와 거의 동일하게 쓰이고 있다는 사실이다.
35  *Psychologie und Religion, Vorlesungen von 1937*(영어판 1938, 독일어판 1942), 133.
36  *Psychologische Typen*(1921), 340.
37  Jung-Kerényi, *Einführung in das Wesen der Mythologie*(1941), 109.
38  *Die Beziehung zwischen dem Ich und dem Unbewußten*(1928), 205.
39  *Psychologische Typen*(1921), 340.
40  위의 책, 341.
41  위의 책, 341.

42 *Geheimnis*, 73.

43 *Typen*, 340.

44 *Geheimnis*, 73.

45 Evans-Wentz, *Das tibetanische Totenbuch*(1936), 18.

46 *Psychologie und Alchemie*(1944), 28.

47 *Totenbuch*, 19.

48 19세기 전반부의 철학자들 중에서 에컨대 야코프 프리스Jakob Friedrich Fries, 1773-1843나 프리드리히 베네케Friedrich Eduard Beneke, 1798-1854처럼 형이상학을 심리학의 토대 위에 정립하려고 했던 이들이 있었지만, 이와 비슷한 사상은 찾아볼 수 없다.

49 *Der Geist der Psychologie*(Eranos-Jahrbuch 1945), 460 이하 참조.

50 *Seelenprobleme der Gegenwart*(1931), 417.

51 *Geheimnis*, 73.

52 특히 『영혼의 문제 *Seelenprobleme*』, 417에 인용된 문장의 둘째 부분, 곧 "현대 의식은…앎을 원한다. 즉 원초적 경험을 원한다"와 같은 책(83)의 문장 "우리 현대인이 의존하는 것은 그 영을 다시 체험하는 것, 곧 원초적 경험을 하는 것이다"를 비교해 보면 된다.

53 *Seelenprobleme*, 77.

54 *Psychologie und Religion*, 145.

55 위의 책, 146-147.

56 위의 책, 147-148.

57 *Beziehungen*, 203.

58 위의 책, 204.

59 위의 책, 205.

60 *Wirklichkeit der Seele*(1934), Vortrag "Vom Werden der Persönlichkeit"(1932), 194.

61 *Beziehungen*, 205.

62 *Symbolik des Geistes*(1948), 385.

63 *Geheimnis*, 62.

64 위의 책, 62.

65 *Religion*, 139 이하 참조.

66 *Der Geist der Psychologie*, 477.

67 위의 책, 474.

68 "오로지 하나님만 자유로우시고 창조되지 않으신 분이기 때문에, 그 분은 자유와 관련해서는 그것(영혼)과 비슷하지만 창조되지 않음과 관련해서는 비슷하지 않다. 왜냐하면 영혼은 창조된 것이기 때문이다"(Predigten ed. Quint 13-14).
69 *Über das Selbst*(Eranos-Jahrbuch 1948), 315; *Psychologie und Alchemie*, 61 참조.
70 *Symbolik*, 410.
71 *Das Wandlungssymbol in der Messe*(Eranos-Jahrbuch 1940-1941), 153-154.
72 *Symbolik*, 439, *Religion*, 108 이하; *Zur Psychologie der Trinitätsidee*(Eranos-Jahrbuch 1940-1941), 51 이하; *Alchemie*, 212 참조.
73 *Symbolik*, 417.
74 *Alchemie*, 22-23.
75 *Psychologie und Religion*, 65.
76 *Symbolik*, 409; *Selbst*, 304 참조.
77 *Psychologie und Religion*, 111.
78 특히 위의 책, 175-176 참조.
79 *Holzwege*, 235. 마르틴 하이데거, 『숲길』, 신상희 옮김(나남, 2021) 343. [ ]는 우리말 번역에 추가된 것임.
80 그의 약혼녀도 시간이 한참 흐른 후에 말하기를, 그가 그녀를 하나님께 바쳤다고 했다.

옮긴이의 글

# 영원한 너, 혹은
# 신이 보이지 않는 이유

나는 신(神)을, 그 까마득한 태고의 탑을 맴돈다.
수천 년 동안 맴돌고 있다.
그런데 아직 모르겠네. 나는 한 마리 매인가, 폭풍인가,
아니면 거대한 노래인가.
―라이너 마리아 릴케(1899)


마르틴 부버의 『나와 너』가 출간된 것은 1923년이다. 당시 프랑크푸르트 대학교의 강사였던 40대 중반의 부버는 이 책으로 유럽 사상계에 큰 반향을 불러일으켰다. 그 후에도 왕성한 집필과 번역으로 그의 이름이 널리 알려지기 시작했으나, 그의 주요 활동 무대와 독자층은 독일어권 국가(오스트리아, 독일, 스위스)에 머물렀다. 1938년, 예루살렘 히브리 대학교의 사회철학 교수로 임용되어 거기서도 탁월한 학문적 역량을 발휘했으나, 아직 세계적 명성에 이른 상태는 아니었다. 1951년 10월 31일, 부버는 아내 파울라 부버와 함께 미국행 비행기에 올랐다. 뉴욕의 유대교 신학교

Jewish Theological Seminary의 초청으로 떠난 여행이었다. 이듬해 4월까지 미국에 머무는 동안, 부버는 70회 이상의 강연을 했다. 73세의 고령이었지만, 강연에 이은 토론에도 끝까지 참여하며 청중과 진지하게 대화를 나눴다.· 1951-1952년은 부버에게, 아니 이후 부버의 독자들에게 의미심장한 시간이 되었다. 그의 여러 글은 본격적으로 영어로 번역되어⁚ 널리 알려졌고, 부버는 유럽의 경계를 훌쩍 뛰어넘어 세계적인 사상가이자 저술가로 명성을 떨치게 되었다. 『신의 일식』(1953)은 그 뜻깊은 여행의 결과물이자, 『나와 너』 이후 그의 사상적 투쟁의 흐름을 짚어 볼 수 있는 보석 같은 작품이다.

두 번의 세계대전으로 폐허가 된 세상, 어디로 가야 할지 좌표가 보이지 않는 어둠의 시대를 응시한다. 저 태양처럼 이 세상을 밝혀 주어야 할 신의 존재는 어디에도 보이지 않는다. "신은 죽었다!" 과연, 눈 밝은 철학자 니체가 절규하듯 외친 말이 사실이었던가. 그 신과 함께 이전 세대가 소중하게 지켜 오던 윤리(가치)도 이제는 빛바랜 과거의 유물이 되고 마는 것인가.

·   Dominique Bourel, *Martin Buber*(Gütersloh, 2017), 599-601.
⁚   『나와 너』는 1937년 로널드 그레거 스미스(Ronald Gregor Smith)의 번역으로 이미 출간되었으나, 1970년 월터 카우프만(Walter Kaufmann)에 의해 다시 번역되었다.

이 책의 제목은 그 시대의 결정적 물음에 대한 부버의 대답이다. 그는 1943년 출간된 소설 『곡과 마곡』에서 '신의 일식'이라는 표현을 처음으로 사용한다. 소설의 주인공 중 한 명이 이렇게 말한다. "중대한 시험의 시대는 언제나 신의 일식이 일어나는 시대야. 태양이 어두워지면, 사람들은 태양이 원래의 그 자리에 있다는 걸 몰라. 그냥 태양이 없다고 생각하지. 그런 시대에도 똑같은 거야. 신의 얼굴은 뭔가에 가려져 있어서 우리 눈에 보이지 않아. 우리를 비춰주는 것이 없으니 온 세상이 차갑게 식어 버릴 것만 같지. 하지만 진실은, 바로 그때야말로 위대한 전환이 일어날 수 있는 때라는 거야. 그거야말로 신께서 우리에게 바라는 거지." 부버의 생각은 확고하다. 신의 죽음, 신의 부재, 신의 황혼이 아니라 신의 '일식'日蝕이다. 뭔가가 신과 우리 사이에 서서 신의 빛을 가리고 있다. 그것이 지금 우리가 맞닥뜨린 어둠과 추위의 원인이다. 태양을 가릴 만큼 거대하고 육중한 천체! 부버는 그 무시무시한 가림막의 실체를 파고든다.

그 일을 위해서 부버는 높이 날아오른다. 수천 년 전 그리스, 페르시아, 팔레스타인, 인도, 중국의 종교 사상을 두

- *Martin Buber Werke 19*, 128. Karl-Josef Kuschel, *Martin Buber-seine Herausforderung an Christentum*(Gütersloh, 2015), 298에서 재인용.

루 조망하다가, 서서히 포위망을 좁혀 서양 고대·중세·근대로 내려오더니, 맹렬한 기세로 수직 낙하하여 동시대의 매우 영향력 있는 사상가들에게 달려든다. 그들의 저술을 틀어쥐고 집중적으로 공격을 퍼붓는다. 이 책의 한복판에 있는 "종교와 현대 사상"은 그 치밀하고 치열한 투쟁의 기록이다.¹

부버의 첫 번째 표적은 '무신론적 실존주의'를 표방하는 프랑스 철학자 사르트르다. 사르트르는 신이 과거에는 인간에게 (뭔가를) 말했지만 "지금은 침묵"하고 있으며, 그

---

¹ 나는 이 책을 여러 번 다시 읽으면서, 부버가 자신의 미국 강연과 그 외 다른 원고를 배치한 방식에 관심을 가지게 되었다. 나는 부버가 미국 강연 중에 독일에서 발표된 원고 "종교와 현대 사상"을 가운데 놓고, 그 앞에는 '철학'을 다룬 두 개의 글을, 그 뒤에는 '윤리'를 다룬 두 개의 글을 배치하여 균형을 맞춘 다음, 전체적인 주제가 잘 요약된 "종교와 현실"과 "신, 그리고 인간의 정신"을 각각 맨 앞과 뒤에 놓았다고 보았다. 다분히 어떤 의도를 지닌 듯 보이는 이 책의 배치를 나는 그렇게 풀어 보고자 한다.

      머리말
    4 종교와 현실
  2 종교와 철학
  2' 신을 향한 사랑 그리고 신에 대한 관념
1 종교와 현대 사상
  3 종교와 윤리
  3' 윤리적인 것의 일시적 중지에 관하여
    4' 신, 그리고 인간의 정신
      부록

것이야말로 "신은 죽었다"는 증거라고 생각한다. 그러니 인간은 이제 신을 잊어버리고, 이전에는 신에게 부여했던 '창조적 자유'를 되찾아 스스로 의미를 부여하는 인생을 살아야 한다. 그러나 부버는 신의 '침묵'이라는 상황에서 우리가 놓쳐서는 안 되는 질문이 있음을 예리하게 지적한다. 그 상황에서 "우리의 듣지 않음과 듣지 않았음이 차지하는 비중"에 관한 질문이다. '너'의 침묵은 '나'의 듣지 않음, 혹은 들을 수 없음과 긴밀하게 연결되어 있다. 사르트르에 대한 비판에서, 우리는 부버의 가장 핵심적인 사상인 '나-너', '나-그것'의 관계에 대한 통찰이 적재적소에서 번득이는 것을 보게 된다. 신을 나(주체)의 객체로만 보는 인간, 신을 '영원한 너'로 마주하지 못하는 인간은 그의 침묵을 견디지 못한다. 부버는 우리가 그 침묵의 어둠, 어둠의 침묵을 겪어 내면서 마침내 "하늘과 땅 사이에서, 자신의 죽음 너머까지 그의 말씀이 다시금 크게 울려 퍼지는 사건"을 향해 다가갈 것을 권한다.

그다음은 부버가 이례적으로 "위대한 철학자의 반열에 확실하게 들어가 있는 한 사람"이라고 치켜세운 하이데거에 대한 비판이다. 독자로서는 이 책에서 가장 어려운 부분이라고 느낄 수 있다. 부버는 하이데거가 한편으로는 '신의 죽음'을 말하지만, 다른 한편으로는 '신적인 것' 혹은 '거룩한 것'이 새로운 형태로 다시 나타나 큰 변화를 일으킬 가능성을 탐색하고 있다고 본다. 하이데거는 (사르트르나 융과는 달리) 인간이 신의 자리를 차지하려는 시도에 대해 근본적인 거부감을 표하고 있는데, 부버는 하이데거의 이런 목소리를 "귀 기울여" 들어야 한다고 강조한다. 게다가 부버가 보기에 하이데거는 '신적인 것과 인간적인 것의 대화적 관계'라고 할 만한 원리에 가까이 다가선다. 그러나 부버는 하이데거가 '신적인 것'을 직접적으로 다루지 않고 그것의 '다시 나타남'(의 시간)만 논의 대상으로 삼는 것이 큰 문제라고 본다. 결국 하이데거는 완전히 새로운 시간과 역사에만 열중한 나머지 치명적인 실수를 범한다. 히틀러 정권의 광기와 폭력을 적극 지지했던 하이데거의 충격적인 과오를 부버는 그렇게 읽어 내고 있다.

그런 부버가 가장 위험한 현대 사상으로 파악하고 집중포화를 퍼부은 대상은 융의 심리학이다. 융은 자신의 이론이 심리학의 경계를 결코 넘어서지 않는다고 말하지만, 부버가 보기에 융은 확실하게 선을 넘었다. 융은 신을 "무의식의 기능 가운데 하나"로 규정하면서 "현대적 의식은 믿음을 혐오하며, 그래서 그 믿음에 기초한 종교들을 혐오한다"라고 말한다. 그는 믿음에 연연하는 종교 대신, 인간 영혼이 자기 안에 품고 있는 신적인 것에 주목한다. 융의 주요 개념인 '개성화'와 '자기'는 결국 인간 영혼 스스로 선과 악의 대립을 초월한 궁극적 합일의 경지에 도달하려는 것이다. 부버는 융의 이런 시도를 '영지주의적'인 것으로 규정하고 신랄하게 비판한다. 융은 진작부터 심리학의 경계를 넘어서서 위험한 이단적인 신학 사상을 퍼뜨리고 있다고 본 것이다. 선과 악을 하나로 융합한 신적인 존재에 대한 영적인 지식을 추구하며, 그런 존재를 자기 안에 체현해야 한다고 가르치는 것은 '영지주의의 현대적 변형'이며, 유대교·그리스도교의 신앙을 제멋대로 가공한 결과물이다.

융은 부버의 비판에 즉각 응답한다. 융은 무엇보다 부버가 "정신의학적 경험에 대한 개념적 무지로 인해, 내가 말하는 '영혼의 실재'라든지 '개성화'의 변증법적 과정이 무엇인지 이해하지 못하는 것 같다"라고 받아친다. 나아가 "신에 관한 모든 발언은 인간적인 발언, 심리적인 말이다. 하나님에 대한 이미지든, 우리 자신에 대한 이미지든 '인간에게서 분리된 것'은 없지 않은가? 도대체 어디서 신이 인간과 분리된 채 자신의 이미지를 만들어 냈는지, 부버는 나에게 말해 줄 수 있는가?"라며 창끝을 돌린다. 융의 야무진 역공에 대한 부버의 응답이 『신의 일식』의 마지막을 장식한다. 부버는 물러설 생각이 전혀 없다. "신앙의 실재와 맞서는 근본적인 원수는 (무신론이 아니라) 영지주의다." 융은 두

· 「메르쿠르」 5월 호. Dominique Bourel, *Martin Buber*(Gütersloh, 2017), 608-609에서 재인용.

고두고 부버의 비판에 대해 못마땅함을 표출한다.

지금도 현대인들에게 큰 영향력을 끼치고 있는 융의 매력적인 심리학을 부버는 왜 그렇게 무섭게 비판했을까? 이 질문을 품고 부버의 글을 따라가다 보면, 여기저기서 부버의 가장 간절한 목소리를 듣게 된다. 종교는 결코 "자기 영혼 안에 일어나는 과정"일 수 없다. 종교는 그 영혼과 독립적으로 마주하여 실재하는 존재와의 만남이다. 내가 주체가 되어 함부로 나에게 동화시키거나 융합시킬 수 없는 '너'와의 만남이다. 부버는 융의 심리학이 언뜻 고상한 자기실현을 추구하는 것 같지만 실제로는 그저 나, 나, 나의 영혼에만 과도하게 집중하게 만드는 경향이 있음을 간파하고 그것을 미리 경고하고 있는 것은 아닐까.

"종교와 현대 사상" 앞에 있는 두 편의 글 "종교와 철학", "신을 향한 사랑, 그리고 신에 대한 관념"은 '철학'이라는 키워드로 함께 읽을 만하다. "종교와 현대 사상" 뒤에 있는 두 편의 글 "종교와 윤리", "윤리적인 것의 일시 중지에 관하여"는 '윤리'라는 키워드로 함께 읽으면서 부버의 견해를 정리해 보는 것이 좋다. 네 편의 글에서는, 철학의 역사 전체를 훑으며 서서히 앞으로 나아가는 폭풍이 느껴진다. 독자는 그 거센 바람을 맞으며 잔뜩 긴장하지 않을 수 없다.

"종교와 철학"에서 부버는 그야말로 대가다운 지식과 통찰력으로 두 영역의 갈라짐과 포개짐, 독자성과 상호성의 윤곽을 드러낸다. 인간은 신(혹은 신적인 것)을 어떻게 경험하는가? 종교는 신을 나와 만나 마주한 '너'로 경험한다. 여기서 신은 '마주한 존재'Gegenüber다. 반면에 철학은 내가 주체가 되어 신이라는 '객체'에 접근한다. 그 존재를 나의 생각으로 파악하고 이해하려 한다. 여기서 신은 나의 관찰과 생각의 '대상'Gegenstand이다. 비슷하지만 미묘하게, 그러나 결정적으로 다른 두 가지 태도다. 종교는 구체적인 상황 속에서 나와 '마주한 존재'를 사랑하는 길로 나아간다. 철학은 구체적인 상황에서 눈을 떼고 철저한 개념의 영역으로 들어가야 한다.

자칫하면 부버가 종교는 높이 평가하고 철학은 폄하하는 것처럼 오해할 수 있다. 그는 "오로지 철학 안에서만, 철학의 도움을 받아서만" 하나의 존재 상태가 객관적으로 전달되고 전수될 수 있음을 강조한다. "철학이 진리에 가까이 다가서고 그 진리를 보존하는 능력"에 대해 의심할 수 없다. 부버는 '나-그것'의 관계가 "가장 진하고 빛나는 모습으로 나타난 것이 철학적 인식"이라고 짚으면서, 놀랍게도 '철학자의 기도'를 말한다. '철학자들을 움직이는 영'이 있다고 말하며 글을 맺는다. 그 '영'은 도대체 무엇인가? 자연스럽게 그 뒤를 잇는 글 "신을 향한 사랑, 그리고 신에 대한 관념"은 부버가 흥미롭게 포착한 그 영(혹은 바람)의 흔적이다.

먼저 부버는 파스칼과 칸트를 세워 놓는다. 파스칼은

철학자들이 관념으로 사유하는 신을 폐기하고 "아브라함의 하나님"을 향한 사랑의 불로 타올랐다. 칸트는 신의 관념을 깨고 나와 인격적인 관계, 사랑으로 나아가는 길로 나서지 못했다. 그런데 부버가 작심하고 파고든 철학자는 따로 있다. 칸트의 마지막 제자 헤르만 코엔이다. 부버는 코엔에게서 흥미로운 변화의 단계를 발견한다. 신을 하나의 관념으로 받아들여 사유하는 단계, 여전히 신을 관념으로 생각하지만 그 신을 사랑하는 단계, 신을 향한 사랑은 도덕적 이상을 향한 사랑이라고 말하면서 끝내 인격적 사랑으로는 나아가지는 못했지만 적어도 그 사랑의 실재성을 증언하게 된 단계다. 부버는 '신에 대한 관념'에서 '신을 향한 사랑'으로 떠밀려 간 한 철학자의 사상적 노정을 꼼꼼하게 추적한다. 코엔의 글과 사상은 결국 "아브라함의 하나님"을 선택하지 못했다. 그러나 부버는 과감하게 단언한다. "그러나 그의 사유에 생명력을 부여하는 그의 가슴의 근원적인 힘이 그를 대신해 선택하고 결단했다." 철학자는 거기서 멈췄지만, 철학자를 움직이는 영은 아직 멈추지 않는다.

"종교와 윤리"에서도 두 영역의 관계에 대한 부버의 거시적인 안목이 두드러진다. 전체를 아우르면서 핵심을 하나하나 짚어 나간다. 마지막에는 황량한 언덕 위에 나름 꼿꼿하게 서 있는 큰 나무를 향해 휘몰아친다. 나무의 풍성한 잎사귀를 다 떨어뜨려 그 실루엣만 남을 때까지! 그 나무의 이름은 '허무주의'다.

　인간이 구체적인 상황과 마주하여 자기 존재의 가장 깊은 곳에서 무엇이 옳은지, 무엇이 옳지 않은지를 물으면서 결단할 때 '윤리적인 것'이 드러난다. 부버는 그때의 판단과 결정은 궁극적으로 '절대자와의 인격적인 관계'에서 나온다고 본다. 인류의 역사를 거슬러 올라가면 '선과 악의 근본적 구분'이 '절대적인 존재'와 긴밀하게 결부된 사례를 확인할 수 있다. 부버는 두 가지를 제시한다. 하나는 고대 동양과 그리스 문화권의 전통이다. 초월적인 존재(최고의 신, 하늘의 신들, 궁극의 원리)가 이 세상에서 살아가는 존재에게 윤리적 토대와 가치 체계를 제공한다. 부버는 이 전통이 소피스트들에 의해 흔들렸다가, 플라톤의 이데아 사상에 의해 위대한 부활을 시도했다가 결국 실패할 수밖에 없었던 흐름 하나를 짚어 낸다. 다른 하나의 전통은 출애굽한 이스라엘 백성에게서 나타난 현상, 곧 '윤리적인 것과 종교적인 것의 강력한 결합'이다. 여기서 신은 인간에게 '거룩함'을 요구한다. 그렇다고 인간이 무조건 신의 요구를 받아들여야 하는 타율적인 존재인 것은 아니다. 인간은 자유롭고 독창적인 존재로서 신과 대화하면서 윤리적인 판단과 결단으로 나아간다. 부버는 이 전통이 그리스도교로 이어지면서 어떤 위기를 맞게 되었고, 어떻게 변화되었는지를 설득력 있게 묘사한다.

윤리와 종교가 하나로 아우러지면서 강력한 도덕과 가치를 제시하던 시대는 저물었다. 그 대신 모든 가치의 상대화를 주장하는 사상적 움직임이 드세게 일어난다. 부버는 그 움직임의 결정적인 완성을 니체에게서 본다. 니체는 "윤리적 가치의 절대성은 우리 자신과 절대적 존재와의 관계에서 나온다는 사실을 철저하게 알고 있었던 사람"이다. 그 절대적 존재, 곧 신이 죽었다! 그러므로 모든 가치가 무너지고 허무만이 남았다. 그렇다면 인간은 이 폐허 같은 현실 속에서 어떤 가치를 붙잡고 살 수 있는가? 그 물음에 대한 니체의 답은 '위버멘쉬'다. 결국 인간에게서 신을 대체할 만한 존재를 찾아내려는 시도다. 이에 대한 부버의 반응은 냉정하다. 그런 가르침은 "아예 가르침이 아니"라고 말할 정도다. 혼란스러웠던 청소년 시절, 부버는 니체를 읽으면서 큰 영향을 받았지만˙ 결국 그의 사상이 "스스로를 완성하고 극복하려고 시도했으나 결국 실패해 버린 허무주의"라는 사실을 선언하지 않을 수 없다.

"윤리적인 것의 일시 중지에 관하여"는 이 책에 수록된 글 가운데 가장 짧지만, 가장 강렬한 메시지를 담고 있다. 신의 명령을 따른다는 명분으로 윤리적 도리를 잠시 포기할 수 있는가? 하나님이 나타나 "네 아들을 바치라!"고 요

˙ 박홍규, 『마르틴 부버』(홍성사, 2012), 65-67.

구한다면 우리는 아브라함처럼 순종해야 하는가? 부버는 신적인 명분을 내세워 희생을 강요하는 모든 시도를 경계한다. 그것은 하나님을 모방한 몰록(고대 근동의 신)의 목소리일 가능성이 크기 때문이다. 부버에 따르면 어린이를 불태워 바치라고 요구하는 몰록의 목소리가 인간 세계를 가득 메우고 있다. 거짓 절대자가 "윤리적인 것의 방어선을 뚫고 들어와서" 소리 높여 '희생 제물'을 요구하는 일이 곳곳에서 일어나고 있다. 어떻게 이런 거짓 절대자에게 맞설 수 있을까? 부버는 그것의 속임수를 꿰뚫어 볼 수 있는 '감시의 눈'이 필요하다고 말하면서 '새로운 양심'을 호출한다. 끝까지 그 양심의 눈을 부릅뜨고 거짓 절대자와 맞서는 인간이 마침내 참된 절대자의 나타남을 간파해 낼 수 있는 시력을 회복할 수 있기를 기대하고 있다.

이 책은 머리말과 부록을 제외하면 모두 일곱 편의 글 묶음이다. "종교와 현실"과 "신, 그리고 인간의 정신"은 맨 앞과 맨 뒤에서 전체의 내용이 흐트러지지 않게 붙잡아 주는 역할을 한다. 이 책 전체의 내용을 이끄는, 그러나 다양하게 변주되는 핵심 모티프가 명확하게 드러난다. 두 글 모두 (다른 글에서는 언급되지 않는) '신의 일식'이라는 표현을 명시적으로 사용하면서, 그것이 어떤 의미인지 친절하게 설명한다. 두 글이 다른 글을 감싸는 구조로 배치된 것은 부버의 의도였다고 나는 생각한다. 처음에 들리던 멜로디가 마지막에 반복되면서 수미쌍관首尾雙關의 아름다운 감동이 밀려오는 구조인 것이다.

"종교와 현실"은 곧바로 핵심 질문을 파고든다. '신은 실제로 존재하는가?' 신의 현실성, 혹은 실재성에 관한 질문 앞에서 '아니!'라고 주장하는 시대를 바라본다. 그렇다면 그 시대에 여전히 남아 있는 종교는 무엇인가? 종교란 "인간의 정신 안에서 일어나는 내적인 과정"에 불과하다는 것이 이 시대의 논지다. 부버는 처음부터 끝까지 이 결론과 맞붙어 싸운다. 요컨대 이 시대는 '신의 일식'을 보고 "신이 없다"고 말하는 시대다. 그러나 "그 존재 자체는 어둠의 벽 뒤쪽에서 아무런 흔들림 없이 건재하다." 그렇다면 묻지 않을 수 없다. 도대체 무엇이 신과 우리 사이를 가리고 있다는 말인가?

"신, 그리고 인간의 정신"은 그 결정적인 물음에 대한 부버의 답을 드디어 꺼내 놓는다. 부버는 인간의 정신이 철학적 사유를 통해서 궁극적으로 절대자를 자기 자신과 융합하려는 경향을 보인다고 지적한다. 신을 폐기하고 자기 자신을 절대의 자리에 앉힌다. 그런데 이런 문제가 철학의 영역만이 아니라 종교의 영역에서도 나타난다. 믿음을 주술적인 미신으로 전락시키는 것, 믿음의 실상을 학문적 접근법으로 난도질하는 것은 신을 하나의 객체로 대하는 인간 정신의 특성이다. 심지어 기도하는 중에도 '기도하는 '나'만을 생각한다. 도무지 그에게 '너'가 고스란히 실재할 수 있을까? 이 맥락 속에서 다시 한번 '신의 일식'이 언급된다. 여기서 부버는 『나와 너』(1923)에서 섬세하게 밝혀낸 '나-너'/'나-그것'의 범주를 활용한다. 그는 "우리가 신을 마주하는 것은 오로지 '나-너' 관계 안에서만 가능하다"고 말한다. 그런데 우리 시대는 '나-그것'의 관계가 모든 것을 뒤덮을 정도로 팽창해 버렸다. 모든 것을 관찰하고 관리하는 나, 모든 것을 알아내고 이용하는 나, 그러나 누군가를 온 존재로 만나지 못하는 나만 남았다. 그에게는 누가 다가와도 '그것'이 될 뿐이다. '나-그것'의 관계에 머물러 있는 나는 신을 보지 못한다. 우리 인간의 실존과 신의 실존 사이를 가리고 있는 것은 무엇인가? 부버는 말한다. "그 '나'가 끼어들어 우리에게서 하늘의 빛을 차단한다." 우리는 묻는다. 그 '나'가 얼마나 크기에 하늘의 큰 빛을 다 가린다는 말인가? 우리는 알고 있다. 나에게 가장 가까운 것이 나의 시야를 가장 크게 가릴 수 있음을.

'대화의 사상가' 마르틴 부버는 『신의 일식』 머리말에서 두 번의 대화에 관한 이야기를 펼쳐 놓는다. 이야기꾼인 부버가 과거를 회상하며 잔잔하게 들려주는 두 이야기는 긴 여운과 감동을 안겨 준다. 두 이야기를 듣는 것만으로도 이 책을 붙잡은 보람이 느껴질 정도다. 부버는 의도적으로 정확히 언제, 어디서, 누구와 나눈 대화였는지 밝히지 않는다. 그래야 그 대화가 독자들에게 '이야기'가 되어, 언제든지 새롭게 떠올리며 음미할 만한 것이 되리라고 생각한 것일까? 그러나 그것이 알려져도 두 이야기의 생명력이 약화될 것 같지는 않다.

첫 번째 대화의 사건은 1924년 부버가 독일의 유서 깊은 도시 예나Jena에서 강연하기 위해 머물러 있을 때 일어났다.˙ 부버는 하나님을 불필요한 하나의 '가설'이라고 표현한 노동자의 자연과학적 세계관을 뒤흔들어 놓은 자신을 발견한다. 부버는 상대를 논리적으로 완전히 굴복시킨 그 대화 때문에 오히려 자괴감을 느낀다. 두 번째 대화는 1923년 부버가 마르부르크에서 경험한 대화였다. 그때 부버의 대화 상대는 마르부르크 대학교의 철학과 교수로 명성이 높았던 파울 나토르프Paul Natorp, 1854-1924였다. 그는 부버의 글에 '하나님'이라는 말, 가장 오용되고 남용된 그 말이 아무렇지도 않게 빈번히 등장하는 것을 보며 불만을 드러낸다. 부버는 자신의 온 존재를 기울여 그 이름에 대한 자신의 생각을 흘려보낸다. 나토르프는 부버에게 다가와 손을 얹는다. 두 사람은 서로에게 '너'가 된다.

작가로서 부버의 탁월함은 그 짧은 이야기 안에 자연

- 두 번의 대화에 대한 자세한 설명은 아래의 책을 참조했다. Karl-Josef Kuschel, *Martin Buber-seine Herausforderung an Christentum* (Gütersloh, 2015), 145-158.

스럽게 스며든 빛과 어둠의 상징적 대비에서도 여실히 드러난다. 첫 번째 대화가 그쳤을 때 "노을이 지고 날이 저물었다." 두 번째 대화 중에는 "이른 아침의 여명이 서서히 방으로 흘러들어 오고 있었다." 대화가 끝났을 때 "방 안은 완전히 환해졌다." 서로에게 '너'가 된 두 사람이 누리는 빛은 (일식이 지나고) 고스란히 제 모습을 드러낸 태양을 가리키고 있다.

"인간의 모든 언어 중에 가장 문제가 많은 단어", 신. 부버는 그 개념, 그 이름을 둘러싼 투쟁에 자신을 던졌다. 이 책 『신의 일식』은 그 투쟁의 생생한 기록이다. 부버는 쉬지 않고 신을 맴돌고 있다. 때로는 한 마리의 매처럼, 때로는 폭풍처럼, 때로는 거대한 노래처럼. 이 책의 독자는 어느새 자신도 그 수천 년의 대화 속에 초대되었음을 알아차릴 것이다.

2025년 3월
손성현